저, 감정적인 사람입니다

저, 감정적인 사람입니다

서가
명강
30

이성을 넘어 다시 만나는
감정 회복의 인문학

신종호 지음

서울대학교
교육학과 교수

21세기북스

인문학

人文學, Humanities

철학, 역사학, 종교학, 문학,
고고학, 미학, 언어학

사회과학

社會科學, Social Science

경영학, 법학, 사회학, 외교학,
경제학, 정치학, 심리학

자연과학

自然科學, Natural Science

과학, 수학, 의학,
물리학, 생물학,
화학, 천문학

공학

工學, Engineering

기계공학, 전기공학, 컴퓨터공학,
재료공학, 건축공학, 산업공학

심리학

心理學,
Psychology

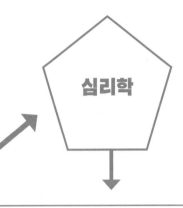

심리학이란?
心理學, Psychology

인간의 의식 현상과 행동을 과학적으로 연구하는 학문. 인간의 인지,
정서 및 성격 영역과 이 영역들의 생물학적 기전과 발달 과정, 사회행동
및 조직행동이 모두 심리학의 연구 분야다. 심리학의 기초 원리와 이론을
다루는 '기초심리학'은 인지심리학, 지각심리학, 생물심리학 등 인간의
일반적인 심리 과정을 다루며, '응용심리학'은 이러한 기초적 심리학
지식을 실제 상황에 적용하고 활용하는 분야로 임상심리학, 상담심리학,
광고심리학 등을 포함한다. 심리학은 보다 더 넓은 학문 영역의 기초
학문으로, 인문학부터 자연과학, 공학, 예술에 이르기까지 많은 분야의
학문에 이바지하고 있다.

이 책을 읽기 전에 주요 키워드

감정(affection)

어떤 대상에 갖는 일반적인 느낌 상태를 말한다. 환경 자극에 대해 일시적으로 유지되는 기분 상태인 정서나, 강렬함이 비교적 낮고 확산적이며 지속적인 상태로 유지되는 기분을 포괄하는 개념이다.

정서(emotion)

주변의 환경 자극에 의해 유발되는 생리적·심리적·행동적 반응을 수반하는 심리 상태를 말한다. 서로 다른 정서 경험에 따라 사람들은 서로 다른 행동 반응을 하게 된다. 인간이 어떤 환경에 놓였을 때 생존할 수 있는 바람직한 행동을 유발하며, 기본 정서는 크게 공포, 혐오, 분노, 놀람, 기쁨, 슬픔으로 구분한다. 최근에는 생존에 필요한 이 여섯 가지 기본 정서에 경멸이나 자부심 등을 포함해야 한다는 주장도 있다.

인지평가 이론(cognitive evaluation theory)

생리적 반응에 대한 요소는 포함하지 않고 자신을 둘러싼 환경이나 상황을 어떻게 해석하고 평가하느냐에 따라 정서 경험이 결정된다고 보는 이론으로, 이때의 해석이나 평가가 우리의 머릿속에서 일어나므로 이를 인지평가 이론이라고 부른다. 최근 연구들에 따르면 사회 정서에 대한 이해는 인지적 관점에서 더 잘 설명될 수 있다.

거울신경(mirror neuron)

정서 공감과 관련해 많이 언급되는 생리학적 기반 중 하나로 타인의 행동이나 심리를 이해하는 데 기반이 되는, 뇌신경에서 빼놓을 수 없는 세포다. 자신이 직접 행동할 때 관여하는 신경과 타인의 동일 행동을 관찰할 때 관여하는 신경이 같고, 타인의 행동을 자신이 행동하는 것처럼 반영한다고 하여 거울신경이라고 부른다. 정서 공유를 기반으로 하는 사회적 관계 형성에 있어서 매우 중요한 기능을 한다.

정서 지능(emotional intelligence)

자신과 타인의 정서 상태를 이해하고 보다 나은 결과를 만들기 위해 자신의 정서를 조절하는 능력이다. 사회적 관계를 잘 형성하고 그 관계를 기반으로 해야 할 일을 실행할 수 있는 능력을 사회적 지능이라고 하는데, 정서 지능은 바로 이런 사회적 지능과 연계되어 있는 중요한 인간의 사회적 능력이다.

확장-구축 이론(broaden and build theory)

긍정 정서는 개인의 생각과 행동의 범주를 확장시켜 어떤 일이나 상황에 적극적으로 몰입할 수 있는 심리적 상태를 만든다. 이것을 확장-구축 이론이라고 한다. 특히 창의적 문제 해결은 다양한 가능성에 대한 확산적 사고가 중요한데, 긍정 정서가 사고의 확장성에 보다 긍정적인 영향을 미친다고 많은 연구 결과가 말하고 있다.

집단 정서(group emotion)

집단 내에서 공유하는 정서를 말한다. 우리 각자가 집단을 대표해서 느끼는 정서가 집단 대표 정서라면, 집단 정서는 집단 내에 있음으로 해서 느끼는 정서다. 정서를 유발하는 사건을 동시에 같은 공간에서 경험하면 정서의 유대감이 발생하고, 개인의 정서 경험 또한 강화된다.

자의식 정서(self-conscious emotions)

슬픔, 분노, 공격처럼 개인의 생존과 관련된 정서를 기본 정서라고 한다면, 수치심, 죄책감, 선망, 자부심, 오만은 사회적·도덕적 기능을 수행하기 위해 요구되는 정서다. 이 정서들은 자기개념, 즉 나 자신에 대한 이해와 자존감을 기반으로 경험하는 정서이며, 대인관계 형성에 매우 중요한 역할을 한다. 자의식 정서는 크게 자기평가 정서와 사회비교 정서로 나뉜다.

차례

1부 나는 감정을 느낀다, 고로 존재한다

2부 내 감정에 책임지는 삶을 연습하다

"우리가 감정을 이해하려는 이유는 내 삶의 주체성을
찾기 위해서다. 결국, 내 삶이 행복해지기를 바라기
때문이다."

아주 인간적인 당신을 위한 감정 수업

우리는 일상생활에서 다양한 감정을 경험한다. 오랜만에 친구를 만나 기쁨을 느끼기도 하고, 시험 결과가 좋지 않아 실망을 느끼기도 하며, 연인과 헤어져 슬픔에 빠지기도 한다. 이렇듯 감정은 우리의 모든 일상에서 매우 중요한 역할을 한다. 그러나 우리의 감정을 제대로 이해하지 못하거나 조절하지 못하면 그로 인해 나의 삶이 부정적인 영향을 받을 수도 있다.

예를 들어 스트레스를 제대로 관리하지 못하면 우울증이나 불안장애 등의 정신질환으로 이어질 수 있다. 또한 감정을 조절하지 못해 다른 사람에게 상처를 줄 수도 있으며, 이는 대인관계에도 영향을 미친다. 따라서 감정을 잘 이해하고 조절하는 것은 매우 중요하다.

우리는 감정의 세계에서 살아간다. 감정은 우리가 누구인지, 어떤 관계를 형성하는지, 그리고 어떻게 성장하고 발전하는지에 큰 영향을 미친다. 감정을 이해하고 다룰 수 있는 능력은 인간소외 현상이 이전보다 가속화되고 있는 현대 사회에서 더욱 중요한 의미를 갖는다. 자신과 타인의 감정을 이해하고, 긍정적으로 이를 조절하고 표현하는 것은 사회 공동체 내에서의 개인의 생존과 성장에 아주 중요한 역할을 하기 때문이다.

이 책은 감정의 존재로서의 나를 이해하기 위한 책이고, 나를 성장시키기 위한 감정의 역할을 함께 생각해보는 책이다. 감정은 단순히 이성의 통제를 받아야 하는 충동이 아니다. 감정은 내 삶의 의미를 풍부하게 만드는 색이라고 말할 수 있다. 우리 삶에 희로애락이 없다면 지나간 내 삶의 의미를 어떻게 추억할 수 있을까? 나는 적어도 희로애락의 색이 전혀 배어 있지 않은 무채색의 기억을 갖고 싶지는 않다.

감정은 때론 나의 삶을 초라하게 하고, 사회적 관계를 어렵게 하는 골칫덩어리일 수도 있다. 하지만 그조차도 소중한 나의 한 부분이기에 이를 긍정적으로 만들어가고자 하는 마음가짐과 노력이 중요하다. 이를 우리는 정서 지능이라고 부른다. 자신의 다양한 감정을 이해하고, 이를 긍정적인 방식으로 조절하며, 표현하는 능력이다. 이 능력은 이성적 힘만큼이나 직장 생활에서, 더 나아가 내 삶의 전반에서 중요한 역할을 한다. 그러기에 생각하는 힘을 키우는 것만큼 자신의 감정을 다스릴 수 있는 힘을 키우는 것도 중요하다.

감정은 개인이 경험하는 심리적 결과일 수도 있지만, 집단이 갖는 공유된 결과로서 존재하기도 한다. 바로 집단 정서라는 것이다. 집단 정서는 개인의 정서에 대한 인식과 표현에 영향을 미치고, 집단 구성원들의 행동에 영향을 미치는 사회적 구인이다. 집단 정서는 문화에 따라 다르게 나타나는데, 우리나라와 같이 집단주의 문화가 상대적으로 여전히 강한 사회에서는 개인의 정서가 집단의 가치와 기대에 얼마나 부합하는가가 개인의 심리적 안녕감에 영향을 미친다. 집단의 이해를 해치는 방식의 정서 표현은 엄격하게 금지되기도 한다.

또한 타집단이나 소수집단에 대한 편견과 차이도 집단 정서와 밀접하게 연관되어 있는 현상이다. 편견과 차별은 대상 집단에 대한 왜곡된 인식일 뿐만 아니라, 그 집단에 대한 불안, 공포, 우월감 등과 관련한 부정적 정서의 결과일 수 있다. 편견과 차별이 정서와 연계되어 있기에 이를 이해하지 못하면, 편견과 차별 문제를 해결하기는 어렵다고 할 수 있다.

우리가 자신의 감정을 이해하고 조절하려는 이유, 그리고 집단 정서를 같이 공유하려는 이유는 개인의 심리적 안녕감인 행복을 위해서다. 행복을 추구한다는 것은 나 자신에 대한 올바른 이해, 특히 감정의 존재로서의 나에 대한 이해를 기본 전제로 한다. 경쟁과 개인화가 갈수록 심화되고 있는 현대사회는 개인에게 성취를 위해 행복을 희생하라고 이야기한다. 내가 원하는 결과를 얻었다고 해서 삶에 대한 만족도가 높아질까? 그러면 정말 행복을 느낄까? 감정에 대한 여러 연구들은 성공이 행복을 결정하는 것이 아니라 행복이 성공을 결정한다고 이야기한다.

우리는 왜 감정의 존재로서의 나를 이해해야 할까? 이 질문에 대해 스스로 답을 찾을 수 있는 이야기들을 이 책에 담고자 했다. 그래서 머리만으로 읽기보다 마음과 함께 이 책을 읽기를 권한다.

가만히 생각해보면 나 역시 욱하는 성격 탓에 후회한 일들이 많았다. 잠시 숨을 고르며 감정을 누그러뜨린 뒤 행동하면 좋았을 것을, 그렇게 하지 못한 대가를 톡톡히 치르기도 했다. 이 책을 쓰면서 감정을 갖고 살아가는 한 인간으로서의 나 자신에 대해 다시 생각해본다. 그러다 보니 나 자신을 돌아보기 위해 이 책을 쓰지 않았나 하는 생각도 든다. 여러분도 이 책을 통해 자신의 감정을 성찰하는 계기를 만들고, 그럼으로써 한 걸음 더 성장해나갈 수 있기를 진심으로 응원한다.

2023년 6월

신종호

1부_____

나는
감정을
느낀다,

고로
존재한다

인간은 평생을 살아가면서 아주 다양한 희로애락을 경험한다. 때로는 슬프고 화나는 일도 있지만, 때로는 즐겁고 기쁜 일들이 있기에 그것을 통해 힘들고 어려운 순간들을 견뎌낸다. 그러면서 인간은 성취감을 느끼게 되고, 그런 과정을 통해 살아가는 의미를 발견한다. 우리에게 감정이 존재하지 않는다면, 그래서 우울한 마음도 기쁜 마음도 느끼지 못한다면 과연 우리는 행복할까?

다시, 이성적 존재에서
감정적 존재로

데카르트의 오류

감정의 존재로서의 나, 나의 정서 지능은 과연 몇이나 될까? 2011년, 미국의 작가이자 다큐멘터리 감독이기도 한 제프 랙스데일Jeff Ragsdale의 유명한 사회 실험이 있었다. 그는 뉴욕시 곳곳에 "어떤 내용이든 누군가와 이야기하고 싶은 사람이라면 저에게 전화 주세요. 외로운 한 사람, 제프"라는 내용과 전화번호를 담은 전단지를 붙였다. 이 전단지의 내용은 SNS를 통해 미국과 유럽 등지에서 삽시간에 공유되기 시작했고, 24시간이 지나지 않아 무려 7만 명의 사람들이 전화와 문자메시지를 남겼다고 한다.

　이 실험이 우리에게 시사하는 바는 무엇일까? 인간은

감정이 있는 사회적 존재로서 외로움을 견디기 어려워한다는 것이다. 이 실험의 결과는 세상에는 고립감과 외로움을 느끼며 우울감을 안고 살아가는 사람들이 우리가 생각하는 것보다 훨씬 더 많다는 안타까운 메시지를 담고 있다. 이 실험 결과는 나중에 『Jeff, One Lonely Guy』라는 제목의 책으로 출판되기도 했으며, 2014년에는 〈Hotline〉이라는 제목의 다큐멘터리 영화로 만들어지기도 했다. 감정의 존재로서의 인간의 단면을 보여주는 아주 중요한 사회 실험이었다.

우리에게 감정이 존재하지 않는다면 어떻게 될까? 우울한 마음, 슬픈 마음이 존재하지 않는다면 과연 우리는 행복을 느낄 수 있을까? 아무것도 느끼지 못하는, 감정이 없는 존재라면 우리의 삶에 행복 또한 존재하지 않을 것이다. 우리는 평생을 살아가면서 아주 다양한 희로애락喜怒哀樂을 경험한다. 때로는 슬프고 화나는 일도 있지만, 때로는 즐겁고 기쁜 일들이 있기에 그것을 통해 힘들고 어려운 순간들을 견뎌낸다. 그러면서 인간은 성취감을 느끼게 되고, 그런 과정을 통해 살아가는 의미를 발견한다.

우리가 인생에 대해 말할 때는 보통 자신이 어떤 길을

걸어왔는지, 어떤 경험을 해왔는지를 이야기하게 된다. 이
때 그 소중한 나만의 경험과 추억의 특징은 모두 즐거웠거
나 슬펐던 일, 환희에 찬 순간들이나 감동적인 기억 등 우
리의 감정이 개입되어 있는 일들이다. 이런 소중한 기억들
은 현재 나의 삶을 규정하는 매우 중요한 재료가 된다. 이
런 감정이 없다면 우리의 삶도 없다고 감히 단언할 정도다.

'나는 생각한다. 고로 존재한다'라는 데카르트의 말처럼
우리는 흔히 인간을 이성적 존재라고 생각한다. 이성과 감
정, 인간에게는 무엇이 더 중요할까? 이 질문은 엄청난 우
문愚問이다. 마치 어린아이에게 '엄마가 더 좋아, 아빠가 더
좋아?'라고 묻는 것과 다르지 않다. 그런데 적어도 데카르
트를 포함한 근대 철학자들에게 있어서 이성과 감정은 서
로 대립하는 것이었다. 이성은 다른 유기체와 구별되는 인
간만이 갖고 있는 미덕virtue으로 여겼고, 감정과 충동, 욕구
는 동물의 영역으로 구분했다.

이런 이분법적 구분으로 본다면 이성이 감정보다 더 중
요하다고 이야기할 수 있다. 하지만 우리의 삶 전체를 놓고
보았을 때 과연 이성, 즉 합리적인 사고가 우리 삶의 전반
에서 느끼는 희로애락보다 더 중요하다고 이야기할 수 있

을까? 나는 그렇지 않다고 생각한다. 우리 사회가 생각하는 이성적인 경험도 사실은 감정의 경험을 배제하고서는 일어나지 않는다.

인간의 생각과 기억, 정보처리 방식이 컴퓨터와 같을 수 있을까? 여러분도 잘 알다시피 컴퓨터의 정보처리 방식은 지극히 객관적으로 이루어진다. 컴퓨터는 숫자 0과 1로 모든 것을 처리한다. 하지만 인간의 사고 과정, 또 그 사고의 결과물은 결코 0과 1이라는 숫자로 이루어지지 않는다. 우리의 사고 과정과 그 결과에는 항상 '감정'이라는 요인이 개입될 수밖에 없다. 가령 우리가 지난 주말에 무엇을 했는지 떠올린다고 해보자. 이때 마치 컴퓨터처럼 그 순간의 나의 감정 경험을 완전히 배제하고 객관적인 장면, 객관적인 사실만을 떠올릴 수 있는 사람은 없다. 우리의 사고와 정보처리는 0과 1로 이루어지는 것이 아니기 때문이다.

생존과 관련한 중요한 정서들

여기서 잠깐, 이 책에서 자주 사용하는 핵심 개념인 감정과 정서가 무엇이고, 개념적으로 어떻게 구별되는지 짚고 넘어가자. '감정affection'은 어떤 대상에 개인이 갖고 있는 일반적인 느낌 상태를 말한다. 특정 환경 자극에 의해 유발되어 일시적으로 유지되는 기분 상태인 정서emotion나, 강렬함이 비교적 낮고 확산적이면서 지속적인 느낌 상태를 말하는 기분mood을 포괄하는 개념이라고 할 수 있다. 즉 인간이 갖는 다양한 희로애락 경험을 총괄하는 개념이다.

그렇다면 '정서'란 무엇일까? 앞서 말했듯 특정 환경 자극에 의해 일시적으로 유발되며, 생리적·심리적·행동적 반응을 수반하는 심리 상태를 말한다. 예를 들어 사람들은 자신이 좋아하는 사람을 길거리에서 보면 그 순간 얼굴이 빨개진다거나 심장이 빨리 뛴다거나 손에 땀이 나는 등의 생리적 반응을 보인다. 이때 행복감을 느끼기도 하고, 때로는 '나를 싫어하면 어떻게 하나'와 같은 불안감을 느끼기도 한다. 이 순간에 느끼는 감정이 바로 정서다. 우리는 그 순간에 어떤 정서 경험을 하느냐에 따라 좋아하는 사람에게 다가가 말을 걸거나 혹은 멀리서 바라보기만 하는 등의 서로 다른 행동 반응을 보인다.

'기분'은 일반적으로 개인의 전반적인 심리 상태를 말한다. 무슨 일인지 그 이유는 잘 모르겠는데 마음이 축 처지는 상태를 경험하거나, 괜히 오늘은 모든 것이 잘될 것 같은 마음이 들 때가 있다. 이때 개인이 갖고 있는 느낌 상태를 우리는 기분이라고 말한다.

이 책에서는 감정과 정서의 두 개념을 상황에 맞게 선택해 사용하고자 한다. 사람들이 갖는 일반적인 심리 상태를 가리킬 때는 주로 감정이라는 용어를, 특정 상황에서 개인이 경험하는 심리 상태를 나타낼 때는 정서라는 용어를 사용하는 것이 적절하기 때문이다.

감정과 정서를 구별하는 이유는 무엇일까? 정서 경험은 특정 자극에 대해 비교적 짧은 기간 동안 유지되는 특징을 갖는다. 다시 말해 정서를 유발하는 환경 자극이 유지되는 동안에만 일시적으로 우리가 경험하고 유지하는 심리적 결과물이다.

만약에 호랑이를 보고 느낀 두려움이 지속적으로 유지된다면 어떻게 될까? 그 공포감을 지속적으로 느끼고 살아간다면 인간은 온전히 살아내지 못할 것이다. 하지만 호랑이는 두려운 대상이라는 일반적인 감정을 갖지 못한다면 그 또한 생존에 문제를 일으킬 수 있다. 이때 일반적으로 우리가 호랑이에 대해 갖고 있는 심리적인 반응을 가리킬 때는 감정이라는 개념으로, 산속에서 호랑이를 만난 순간 우리가 느끼는 두려움은 정서라는 개념으로 구분해 표현하는 것이라고 이해하면 좋을 듯하다.

환경 자극에 대한 반응인 정서는 특히 우리가 위험한 상황에 직면했을 때 인간의 생존을 위한 바람직한 행동을 유발하는 기능을 수행한다. 예를 들어 우리 앞에 맹수가 나타난다면 어떻게 할까? 살아남기 위해 우선적으로 나타나는 반응은 도망을 치는 것이다. 이 도망가는 행동 반응이 나타나기까지의 과정은 이렇다. 맹수를 보고 그것이 위험물이라는 것을 지각하게 되는데, 그에 따라 인간은 '불안'이라는 정서를 경험한다. 그리고 그 불안이라는 정서 경험은 '도망가기'라는 행동을 유발한다.

정서는 또한 새로운 환경에 대한 적극적인 탐색 행동을 가능하게 한다. 사람들은 새로운 지역에 가서 낯설고도 아름다운 풍경을 보면, 약간의 '불안'을 느끼기도 하지만 '놀라움'이나 '감동'이라는 정서 경험도 동시에 하게 된다. 그리고 이 같은 긍정적 정서 경험은 새로운 곳을 적극적으로 알고자 하는 탐색 활동을 유발한다. 이처럼 정서는 인간이 어떤 환경에 놓였을 때 생존할 수 있는, 나아가 환경에 대해 적극적인 행동을 취하도록 하는 기본적인 심리 상태를 만드는 역할을 담당한다.

그렇다면 이런 감정과 정서는 인간에게 왜 필요할까? 진화론자인 찰스 다윈Charles Darwin 역시 이 문제에 대해 깊이 생각했다고 한다. 인간에게 있어서 왜 감정이 필요할까? 한마디로 살아남기 위해서다. 사회 공동체 생활을 하는 인간은 다른 사람과의 의사소통이 매우 중요한데, 이 의사소통의 핵심이 바로 정서다.

찰스 다윈은 특히 얼굴 표정에 상당한 관심을 가졌다. 인간은 분노, 공포, 기쁨, 슬픔 등의 감정을 얼굴 표정을 통해 나타내는데, 얼굴 표정에 보편성이 존재하는지를 궁금해했다. 그는 구체적으로 환경의 차이에도 불구하고 감정을 표현하는 얼굴 표정이 일관성을 유지하는지, 즉 서로 다른 지역에 살고 있는 사람들의 감정에 따른 얼굴 표정이 동일한지, 그리고 시대의 변화에 따라서도 인간의 얼굴 표정은 보편성을 갖는지 등에 대해 관심을 갖고 연구를 했다고 한다.

연구 결과 찰스 다윈은 지역은 달라도 사람들이 분노하거나 불안감을 느낄 때의 얼굴 표정이 공통적으로 존재한다는 사실을 알아냈다. 얼굴 표정은 개인의 감정 상태가 행동적으로 나타난 결과물이라고 할 수 있다. 얼굴 표정을 통해 감정 상태를 공유하는 것은 공동체 생활에 있어서 매우 중요한 기능으로 작용함을 확인한 것이다. 진화론 관점에서 볼 때 감정의 표현과 인식은 인간이 공동체를 이루어 함께 생활하고 살아남기 위한 아주 중요한 요소라는 의미였다.

일반적으로 인간의 생존과 관련한 중요한 정서들을 우리는 기본 정서라고 한다. 기본 정서는 크게 공포, 혐오, 분노, 놀람, 기쁨, 슬픔 여섯 가지로 구분한다. 인간이 위험한 상황에 공포를 느끼지 않는다면, 또한 서로 공동체적 소속감과 지지감을 느낄 수 있는 좋은 일에 기쁨을 공유하고 나타내지 않는다면 그 개인이 생물학적 측면에서나 사회학적 측면에서 생존할 가능성은 크지 않을 것이다.

최근에는 생존에 필요한 이 기본 정서에 모멸감이나 자부심 등을 포함시켜야 한다는 주장도 제기되고 있다. 인간은 사회적 군집을 통해 살아가는 존재이기에, 공동체 생활을 하는 동안 모멸감을 느끼느냐, 자부심을 느끼느냐 하는 것은 생활, 더 나아가 삶의 의미에 큰 차이를 만들어낸다. 특히 모멸감의 경험은 개인에 대한 심각한 존재 위협이 되고, 이로 인해 자살 등 안타까운 선택을 하는 경우도 발생한다.

2023년 초 부산의 한 여고생이 중학교 시절에 경험한 모멸감으로 인해 안타까운 선택을 한 일이 있었다. 공부와 생활 등 모든 일상에서 모범적으로 열심히 살아온 한 학생을 극단적 선택으로까지 몰아간 것이 바로 학교에서 경험한 모멸감 때문이었다고 한다. 말할 수 없이 안타까운 일이며, 이런 일이 두 번 다시 학교에서, 우리 사회에서 반복되어서는 안 될 것이다.

정서는 어떻게 유발되는가

정서가 어떻게 유발되는지를 설명하는 이론은 관점에 따라 아주 다양하다. 여기서는 그중 세 가지 이론에 대해 살펴보도록 하겠다. 정서가 어떻게 유발되는지를 아는 것은 우리로 하여금 정서 경험의 원인과 이후에 뒤따르는 행동 선택에 대한 이해를 보다 깊이 있게 하기에 살펴볼 의미가 있다. 논어에 나오는 '알아야 면면장免面墻한다'는 말처럼, 정서 유발의 원인에 대한 우리의 답답함을 어느 정도 해결해 줄 수 있을 것이다.

첫째는 '진화 이론'의 관점에서 설명하는 정서 유발이다. 인간은 환경 자극이 있을 때 생존을 위해 그 자극에 대해 어떻게 느끼고 반응해야 할지에 대한 두뇌 시스템을 선천적으로 갖고 태어난다는 설명이다. 이 시스템에 의해 특정 자극에 대한 정서가 유발되고, 그에 따라 행동하게 된다는 것이 진화 이론의 설명이다. 예를 들어 맹수를 발견했을 때 공포를 느끼고 그 공포라는 정서가 일종의 '도망가기'와 같은 행동을 유발할 수 있도록 이미 태어날 때부터 선천적으로 뇌 영역에 프로그램이 장착되어 있다는 뜻이다. 이 프로그램에 의해 우리가 어떤 환경 자극, 특히 생존 문제와 관련된 자극에 노출되면 자동으로 그와 관련된 정서가 유발되고, 이 정서가 곧 행동 반응을 이끌어낸다는 아주 기본적인 설명이다.

진화 이론의 관점에서 정서의 의미를 생각해본다면, 정서는 인간의 '생존'을 가능하게 하는 매우 중요한 요소이며, 정서 시스템의 결함은 생물학적 기능 문제를 넘어 공동체 안에서 개인의 사회생활도 어렵게 하는 요인이 될 수 있다.

둘째는 '각성 이론'의 관점에서 설명하는 정서 유발이다. 보통 정서를 경험한다고 했을 때 생리적 반응을 동반하는 경우가 많다. 각성 이론이 설명하는 정서 유발은 이렇다. 먼저 정서를 경험하기 이전에 반드시 생리적 반응(예를 들어 심장박동이 빨라짐)이 일어나고, 그 생리적 반응이 일어나면 주변의 환경들을 살펴보게 된다는 것이다. 이때 개인이 그 환경을 어떻게 해석하느냐에 따라 서로 다른 정서가 유발된다고 보는 것이 각성 이론이다.

예를 들어 길을 걷고 있는데 갑자기 내 심박수가 증가하기 시작했다고 해보자. 생리적 반응이 나타나기 시작한 것이다. 그러면 나는 왜 심박수가 증가하는지 그 원인을 찾으려고 할 것이다. 가만히 살펴보니 내가 산책을 하고 있는 길이 절벽으로 이어지고 있다는 것을 발견했다고 가정해보자. 그러면 나는 그 상황을 '이건 매우 위험한 상황이야'라고 인식하게 되고, 곧 불안과 공포를 느끼게 되며, 그 위험한 상황으로부터 멀어지려 한다는 것이다.

또 다른 상황을 생각해보자. 마찬가지로 나의 심박수가 증가하기 시작했다. 그런데 이번에는 가만히 보니 저 앞에 나와 친한 친구가 내 쪽으로 걸어오고 있었다. 그러면 나는 그 상황을 '친한 친구를 만나는 기쁜 상황이야'라고 정의하게 되고, 곧 친구에게 다가가 정답게 인사를 나누는 행동을 하게 된다는 것이다.

각성 이론은 생리적 반응이 먼저 유발되어야 그 이후 정서 인식이 가능하다는 것을 강조한다. 이 이론을 통해 우리가 생각해보아야 할 것은 개인을 둘러싸고 있는 환경의 특징이다. 환경이 불안, 공포, 수치심 같은 부정적 정서를 자극할 수 있는 요인들을 많이 갖고 있다거나, 반대로 성취감, 안정감, 기쁨 등의 긍정적 정서를 경험할 수 있는 요인들을 많이 갖고 있다면 분명히 그 안에서 생활하는 개인들의 심리적 안녕감에는 큰 차이가 존재할 것이다. 환경 특성은 개인의 심리적 각성 상태를 점차 강화시킬 수 있기에, 부정적 각성을 강화시키는 환경에서 개인이 일상적인 생활을 지속하는 것은 상당히 어려울 수 있다. 이 경우 부정적 각성을 유발하는 환경에 대한 개인의 적극적 대처나 외부 지원이 개인의 심리적 안녕감 보호라는 측면에서 중요한 차이를 만들어낼 수 있다.

셋째는 '인지평가 이론'의 관점에서 생각해보는 정서 유발이다. 이 이론은 생리적 반응에 대한 요소는 포함하지 않고, 사람들이 자신을 둘러싼 환경이나 상황을 어떻게 해석하고 평가하느냐에 따라 정서 경험이 결정된다고 본다. 이때의 해석이나 평가가 우리의 머릿속에서 일어나는 것이기에 이를 인지평가 이론이라고 한다.

예를 들어 내가 서 있는데 옆의 사람이 나를 밀쳤다고 해보자. 이때 나는 옆 사람이 나를 밀친 행위가 고의인지 실수인지를 해석하고 평가하게 된다. 나를 고의로 밀쳤다고 해석하고 평가하면 나는 분노의 정서를 경험하게 된다. 반면에 그 사람이 실수로 넘어지면서 나를 밀친 것이라고 해석하고 평가하면 분노와는 전혀 다른 연민의 정서를 경험하게 된다. 나를 밀친 행위보다 그 사람이 넘어져 다친 결과에 연민의 정서를 느끼는 것이다. 즉 상황을 어떻게 해석하고 평가하느냐에 따라 내가 경험하는 정서가 달라질 수 있다는 설명이다.

최근의 연구들은 개인이 경험하는 정서에는 정서를 유발하는 상황, 사건, 사람 등에 대한 인지적 해석과 평가가 중요한 영향을 미치며, 특히 사회생활에서 개인이 경험하는 다양한 사회 정서에 대한 이해는 인지적 관점에서 더 잘 설명될 수 있다고 한다.

인지평가 이론을 지지하는 다양한 연구 결과 중 한 가지 흥미로운 사례를 예로 들어보자. 1997년, 스위스 제네바 공항의 수하물을 찾는 곳에서 이루어진 연구다.[1] 이 연구에서 연구자는 가방이 분실되었다는 보고를 받은 여행객들을 상대로 인터뷰를 진행했다. 자신의 가방이 분실되었다는 사실을 알게 되었을 때 일반적으로 사람들은 분노나 걱정의 정서를 느낀다고 한다. 당연히 화가 나고 또한 걱정이 앞설 것이다. 이때 가방을 분실했다는 사실을 알게 된 여행객들이 분노의 정서를 더 느끼느냐, 걱정의 정서를 상대적으로 더 느끼느냐는 과연 무엇에 의해 결정될까?

결론부터 말하자면, 가방을 분실한 사건이 앞으로 있을 나의 다른 일에 얼마나 방해가 된다고 생각하는지에 따라 정서 반응에 차이가 나타났다고 한다. 예를 들어 곧바로 회의에 참석해야 하는데 회의 자료들이 모두 그 가방 안에 들어 있다면 가방 분실 사건은 다른 일을 심각하게 방해하는 요인으로 작용할 수 있다. 이때 사람들은 걱정보다 분노의 정서를 더 많이 경험하게 된다.

반면에 더 이상 다른 급한 일이 없는 상황이라면 분노의 마음보다는 분실된 가방에 대한 걱정이 더 많을 것이다. 이 경우 어떻게든 짐을 찾을 수 있기를 바라며 기다리면 된다. 게다가 여행사 직원이 여러 방법을 동원해 짐을 추적해 찾아줄 테니 집에 가 쉬면서 기다리라고 한다면 분노보다 걱정의 마음이 더 커질 것이다. 내가 처한 상황을 어떻게 인식하느냐에 따라 경험하는 정서가 다를 수 있다는 것을 보여주는 하나의 연구 사례다.

2022년에 인플레이션, 금리 인상 등으로 주식 투자 손실을 본 사람들이 적지 않았다. 이때 주식 손실의 원인을 무엇이라고 생각하느냐에 따라 개인이 경험하는 정서는 다르게 나타난다.

예를 들어 주식에 투자해 손해를 보고 있는 원인을 '러시아의 우크라이나 침공으로 인한 국제 분쟁이 진행되고 있고, 이것이 세계 경제에 악영향을 미쳐 일시적으로 내가 주식 투자의 손실을 보고 있는 거야'라고 생각하는 사람이 있고, '내가 주식 종목을 잘못 선택했어. 더 안전한 종목에 투자했어야 하는데, 너무 성장 중심의 테크놀로지 종목들을 선택하는 바람에 손실이 커지고 있는 거야'라고 생각하는 사람이 있다고 해보자. 이 두 사람이 느끼는 정서는 당연히 다를 수밖에 없다.

전 세계적으로 어려운 경제 상황, 우크라이나를 상대로한 러시아 침공 등의 이유로 내가 손실을 보고 있다고 생각한다면 분노나 불안의 정서를 크게 경험할 것이다. 하지만 내가 주식의 종목이나 회사를 잘못 선택해 손실을 보고 있다고 생각하다면 분노나 불안도 느끼지만 자기 자신에 대한 수치심이나 무능감이라는 정서를 더 강하게 경험하게 될 것이다.

　이처럼 내가 어떤 행동을 했을 때 그 행동을 어떻게 생각하느냐에 따라 느끼는 정서도 달라진다. 즉, 상황에 대한 해석, 평가, 판단들이 내가 경험하는 정서를 다르게 만들 수 있다는 것이다.

뇌과학으로 밝힌
감정의 비밀

정서의 생물학적 기반

정서에 대해 자세히 살펴보기 위해서는 정서의 생물학적 기반에 대한 설명을 빼놓을 수 없다. 보통 우리는 이성의 뇌는 좌반구, 정서의 뇌는 우반구라고 하는 반구특성화 가설을 이야기한다. 그런데 과연 우리의 이런 일반적인 생각을 뒷받침할 정확한 근거가 있을까?

긍정이나 부정적 정서의 지각, 경험, 그리고 표현은 우반구에 의해 우선적으로 처리된다는 우반구 가설은 19세기 프랑스 신경학자 줄스 베르나르 루이스Jules Bernard Luys의 연구를 기반으로 언급되기 시작했다. 가령 몸의 왼쪽 편마비를 겪는 사람들은 우뇌에 이상이 있어서 정서적으로 변

덕스럽고 조울증과 망상 증세가 나타났지만, 반대로 오른쪽 편마비가 있는 사람들의 경우에는 이런 문제가 나타나지 않았다고 한다. 이런 초기 연구를 통해 사람들은 우반구가 정서의 인식, 경험, 그리고 표현과 관련이 있다고 생각하게 된 것이다.

가끔 우리는 상대방의 얼굴 표정을 보면서 그 사람이 가짜로 웃는 것인지, 정말로 기뻐서 웃는 것인지 헷갈릴 때가 있다. 이때 입술의 왼쪽 꼬리가 올라가면 정말 좋아서 웃는 것이고, 오른쪽 꼬리가 올라가면 가짜 웃음이라고 주장한다. 그 근거는 우반구가 정서를 담당하기 때문에 정말 좋으면 입술의 왼쪽 꼬리가 올라가는 모습을 보인다는 것이다.

그러나 사실은 그렇지 않다. 정말 좋아서 웃을 때도 입술의 왼쪽 꼬리가 올라가기도 하지만 억지웃음을 웃을 때도 역시나 왼쪽 꼬리가 올라가는 사람들을 흔하게 볼 수 있다. 나 역시도 그렇다. 초기 뇌 손상과 정서 표현에 대한 연구 결과와는 달리 최근의 뇌 영상 연구들은 반구특성화 가설을 지지하지 않는다. 사실은 좌반구, 우반구 모두가 우리의 정서 경험에 관여한다고 보는 것이 맞다. 다만 좌반구와 우반구가 어떤 역할을 하느냐에 관해서는 서로 다른 관점의 가설이 존재하고 있는 것이 현재 상황이다.

두뇌 두 부분 모두 정서와 관련되어 있지만 그 역할이 다르다는 것을 설명하는 첫 번째 관점은 정서가valence 가설이다. 좌반구, 우반구가 모두 정서 경험과 표현에 관련되어 있지만 일반적으로 부정 정서는 주로 우반구에, 긍정 정서는 주로 좌반구에 특화되어 있다는 가설이다. 이 가설을 지지하는 연구의 예로 반구억제 연구 결과를 들 수 있다.

예를 들어 좌반구와 우반구에 각각 마취제를 주사해 일시적으로 억제했을 때 사람들의 정서 상태를 조사했더니 차이가 나타났다고 한다. 좌반구를 마취시켰을 때는 우울함과 같은 부정적 정서가 야기되었고, 우반구를 마취시켰을 때는 기쁨과 같은 긍정적 정서가 야기되었다고 한다. 좌반구를 마취하면 부정적 정서를 담당하는 우반구가 깨어 있게 되니 주로 우울한 이야기만 하게 되고, 반대로 우반구를 마취하면 긍정적 정서를 담당하는 좌반구만 깨어 있게 되니 대체로 긍정적인 이야기를 많이 하더라는 것이다. 하지만 최근에 이루어진 뇌 영상 연구들은 정서가 가설을 적극적으로 지지하지는 않고 있어 이러한 해석에 대해서는 조심스러운 입장을 취할 필요가 있다.

두 번째는 접근-회피 가설이다. 마찬가지로 좌반구, 우반구 모두가 정서에 관여하지만, 긍정적인 정서는 좌반구, 부정적인 정서는 우반구로 나뉘는 것이 아니라, 접근행동 경향과 회피행동 경향으로 좌반구와 우반구의 역할이 나뉜다는 것이다. 예를 들어 기쁘거나 즐거울 때 우리는 그 감정을 누군가에게 적극적으로 표현하고 싶어지는데, 이것을 접근행동이라고 한다. 분노도 마찬가지다. 분노의 정서가 몹시 커지면 사람들은 분노를 느끼는 대상에게 욕을 하거나 화를 내는 등의 공격적인 행동을 하게 된다. 접근행동이 유발되는 것이다. 이렇게 기쁨이나 분노 등의 접근행동을 유발하는 정서는 좌반구의 전전두엽 영역에 의해 나타난다고 한다.

반면에 불안이나 안도 등 회피행동 경향을 유발하는 정서는 우반구로부터 나타난다고 한다. 불안하면 대부분의 사람들은 그 부정 정서를 유발하는 상황으로부터 도망치고 싶어 한다. 이것을 회피행동이라고 하는데, 회피행동을 유발하는 정서는 우반구에서 담당한다는 것이 접근-회피 가설의 주장이다. 이 가설은 지금까지 뇌파를 활용한 EEG^{electroencephalogram} 연구에서 지지를 받고 있지만, 최신의 뇌 영상 촬영 기법 등을 이용한 신경과학 연구 결과의 충분한 뒷받침을 받는 것이 아니어서 이 역시 신중하게 해석할 필요가 있다.

거울신경과 사회적 관계 형성

정서 공감과 관련해 많이 언급되는 생리학적 기반 중 하나로서 빼놓을 수 없는 것이 거울신경mirror neuron 세포다. 거울신경은 원숭이 연구를 수행하던 이탈리아의 신경생리학자 자코모 리촐라티Giacomo Rizzolatti에 의해 발견되었다. 원숭이가 땅콩을 집는 행동을 할 때 활성화되는 신경 회로와, 실험자가 땅콩을 집는 행동을 보는 원숭이에게서 활성화되는 신경 회로가 같더라는 것이다. 이것이 마치 거울과 같다고 해서 거울신경이라고 부른다.

예를 들어 내가 어떤 고통을 경험하면 그 고통이 뇌의 반응으로 나타날 수 있는데, 내가 고통을 받을 때 뇌에서 나타나는 반응과 다른 사람이 고통을 받는 것을 볼 때 나의 뇌에서 나타나는 반응이 같다는 것이다. 다시 말해 자신이 정서를 경험할 때의 신경 회로와 다른 사람의 동일한 정서 표현을 지각할 때의 신경 회로가 같다는 뜻이다. 이것

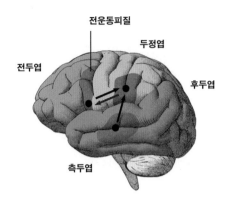

전운동피질

두정엽

전두엽

후두엽

측두엽

거울신경의 분포

은 곧 타인의 정서 경험을 이해하고 감정이입을 한다는 의미이며, 이런 반응은 정서 공유를 기반으로 하는 사회적 관계 형성에 매우 중요하게 기능한다.

지금까지의 연구를 종합하면 거울신경은 우리 뇌의 세 곳에 분포한다. 그림에 표시된 검은 점이 바로 그곳이다. 거울신경은 전두엽 부분의 전운동피질 아래쪽, 두정엽 아래쪽, 측두엽 부분의 뇌섬엽 앞쪽에 있는 것으로 알려져 있다. 이 세 곳의 거울신경은 서로 신호를 주고받으며 정보를 처리해 우리가 지각한 정서의 의미를 파악한다고 한다. 타인의 정서에 대한 이해와 공감 표현 등을 관장하는 곳이다.

우리가 살아가면서 다른 사람의 마음을 제대로 이해하지 못한다면 어떻게 될까? 발달장애 중 하나인 자폐는 타인의 생각이나 감정을 이해하는 데 어려움을 느낀다. 타인의 마음을 읽을 수 있는 능력이 제한되어 있기에, 자폐를 마음의 눈이 닫힌 상태mind blind라고 하기도 한다. 다른 사람의 마음과 정서를 읽지 못한다면 의사소통이 어렵고, 이것은 다시 타인과 사회적 관계 형성에 큰 어려움으로 작동할 수밖에 없다. 실제로 발달장애를 갖고 있지 않은 사람이더라도 타인의 정서를 제대로 읽지 못하는 개인이 존재하며, 이들은 상대적으로 사회적 관계 형성과 생활을 어려워하는 것으로 알려져 있다. 이들을 우리는 정서적 무감각emotional apathy을 경험하고 있는 사람들이라고 부른다.

정서적 무감각을 경험하는 데에는 여러 가지 이유가 있지만 주로 사회적 요인이 많다고 한다. 특히 크나큰 사고로 인해 심리적 트라우마를 경험했을 때 일종의 외상후스트레스장애PTSD의 결과로 정서를 인식하고 경험하고 표현하는 데 어려움이 나타난다. 이런 현상은 큰 사고로 인해 개인이 경험한 정서적 충격을 보호하기 위해 일시적으로 나타나기도 하지만, 장기간 지속될 수도 있기에 특별한 관심과 도움이 필요한 경우라 할 수 있다.

또한 점차 경쟁이 심화되어가는 사회 속에서 살아가는 개인은 때로는 정서적 무감각 경험을 강요당하기도 한다. 경쟁 사회 속에서 살아가면서 정서적 경험에 지나치게 민감해질 경우에는 경쟁에서의 실패로 인한 마음의 상처가 더 크게 나타날 수 있기 때문이다. 과잉경쟁 사회의 특징인 '무조건 이겨야 한다', '이기는 것이 제일의 결과다'라는 생각이 현대인들을 더욱더 정서적 무감각의 생활을 하도록 강요하는 것이 아닌가 한다.

두뇌 속 신경조절물질들

뇌의 영역과 구조뿐만 아니라 신경세포가 활동할 때 그 활동에 관여하는 물질이 있다. 신경조절물질neurotransmitter 또는 신경전달물질이다. 신경조절물질은 체내의 신경세포에서 방출되며 인접해 있는 신경세포나 근육에 정보를 전달하는 물질로 알려져 있다. 우리가 일상에서 많이 듣게 되는 도파민, 세로토닌, 옥시토신, 아드레날린, 히스타민 등이 여기에 해당한다.

그중 도파민dopamine은 쾌快, 즉 즐거움의 정서를 유발하는 신경물질이다. 흔히 이 도파민이 적으면 기분이 우울해지고 불쾌해진다고 알려져 있는데, 맞다. 조금 더 구체적으로 살펴보면 도파민은 보상 측면에서 좋아하는 일이나 사물을 즐기는 활동뿐만 아니라 그 일이나 사물에 대한 기대와도 연결되어 있다. 다시 말해 도파민은 우리가 어떤 활동을 할 때의 즐거움을 경험할 때뿐만 아니라 그 활동을 할 것을 기대할 때도 분비되며, 이것은 보상에 대한 기대가 보상 그 자체만큼 사람들을 동기화하는 데에 효과적일 수 있음을 보여준다.

이와 관련해 2015년, 도파민 효능제를 처방받는 파킨슨병 환자를 대상으로 한 연구가 보고된 바 있다.[2] 파킨슨병 환자들에게 도파민을 처방하자 기분이 좋아진 환자들에게서 충동적인 쇼핑과 도박 행동이 나타났다고 한다. 그런데 막상 쇼핑한 물건을 받아 든 순간의 기분을 물어보자 기분이 아주 좋은 편은 아니라고 대답했다. 결국 물건을 주문할 때 느낀 그 이상의 쾌락이 실제 물건을 받았을 때는 나타나지 않았다는 것이다. 실제 우리도 일상생활에서 어떤 물건을 살까 고민하고, 그 물건을 주문할 때 더 큰 설렘과 기쁨을 경험하기도 한다. 정리하면 도파민이 결과물 자체를 즐기는 과정에도 영향을 미치지만, 즐거움을 기대할 때 더 중요하게 영향을 미칠 수 있다는 것이다.

일반적으로 도파민의 분비는 긍정적인 정서와 밀접한 연관이 있다. 특히 도파민은 성취동기와 큰 관련이 있다. 우리는 목표한 것을 성취했을 때 큰 기쁨을 느끼는데, 이때 도파민이 중요한 역할을 한다. 성취감은 외재적 보상 이상으로 인간이 무엇인가를 추구하려고 하는 강한 동인으로 작용하는 정서다. 성취감을 경험한 경우 이후는 어려움이 있더라도 이를 극복하고자 하는 노력을 지속하게 되고, 이 어려움이 성취감을 배가시키는 기능을 한다고 한다. 성취감의 생리학적 기반이 바로 도파민이다.

세로토닌^{serotonin}은 감정 행동, 기분, 수면 등의 조절에 관여하는 신경조절물질이다. 흥미롭게도 약 50년 전에 세로토닌은 결핵 처방제로 사용되었다고 한다. 그러다가 우연히 이 물질이 결핵 환자들의 기분을 상승시키고 활력을 증진시킨다는 것을 발견하게 되었고, 이후 항우울제 성분으로 사용되었다. 지금도 우울증을 심각하게 경험하는 사람들에게 세로토닌 성분이 포함된 약물을 많이 사용하고 있고, 효과도 좋은 것으로 알려져 있다.

여기서 한 가지 언급하자면, 우리는 운동을 하면 심리적 우울감을 줄일 수 있다는 이야기를 자주 하고, 실제 이를 지지하는 연구 결과들 또한 많다. 운동을 하면 우리 두뇌에 세라토닌의 분비가 촉진되고 스트레스 호르몬이라고 하는 코르티솔cortisol을 감소시키는 결과가 나타난다. 운동이 바로 우울한 마음을 달래주는 좋은 생활 치료 방법이라는 것이다. 운동이 신체적 건강과 심리적 건강 모두를 지켜주는 활동이라는 점에서 규칙적 운동은 정서 관리에 좋은 일상생활 속 실천 방법이다.

옥시토신oxytocin은 타인과의 애착을 형성하고, 새롭고 낯선 환경에서 탐색 활동을 하는 과정에서 경험하는 심리적 어려움을 완화시키는 데 효과적인 것으로 알려져 있다. 또한 다른 사람의 얼굴 표정을 지각하는 데 긍정적인 영향을 준다고 한다. 이 때문에 옥시토신은 자폐 아동의 사회적 증상을 완화하는 처치제로 현재 많은 기대를 받고 있다고 한다. 자폐 아동은 다른 사람의 마음과 정서 읽기에 큰 어려움을 느낀다. 이로 인해 타인과 애착 관계를 형성하거나 새로운 상황에서 불안을 느끼고 행동에 어려움을 호소하는 경우가 많다. 자폐 아동이 일상생활에서 경험하는 이 같은 심리적·행동적 문제들을 옥시토신을 통해 어느 정도 완화할 수 있다면 이들의 일상생활에 큰 변화가 있을 것으로 기대된다.

지금까지 정서가 무엇인지, 그리고 정서를 어떻게 지각하게 되는지, 정서의 생물학적 기반은 무엇인지 등을 살펴보았다. 조금 어렵고 딱딱한 설명이었을 수도 있으나, 이런 기반을 이해하고 나면 우리의 정서를 보다 더 섬세하게 들여다볼 수 있고, 또 그것을 통해 사람을 이해하고 상대하는 관점이 조금 더 성숙해지지 않을까 한다.

감정은
인간의 생존 영역이다

우리 삶에 감정이 없다면

우리 삶에 감정이 존재하지 않는다면 어떨까? 가령 감정을 전혀 드러내지 않는 사람과 일주일간 여행을 한다고 해보자. 그 여행이 과연 즐거울까? 아마도 우리는 마네킹과 여행하는 듯한 경험을 하게 될 것이다. 여행이 즐겁기는커녕 두 번 다시 그 사람과 함께 여행하지 않겠다는 생각을 할 것이다.

맞벌이 부부들의 수가 많아지면서 요즘 어린 자녀들을 돌보미에게 맡기는 경우가 많아졌다. 그러다 보니 간혹 아이들이 돌보미로부터 정신적 혹은 육체적으로 학대당하는 안타까운 일들이 발생하곤 한다. 만에 하나라도 이 같은 위험한 사건이 발생하는 것을 방지하기 위해 우리 자녀를 감정이 없는 로봇에게 맡긴다면 안심할 수 있을까? 우리는 과연 그런 선택을 할 수 있을까? 그럴 수는 없는 일이다. 유아기는 타인과의 정서적 교감을 통해 애착 관계를 형성하고, 사회적 소통을 배우는 중요한 시기이기 때문이다. 따라서 아무 감정도 없는 로봇과 함께 생활하게 한다면 아이들은 정서적 애착을 제대로 경험할 수 없을 것이다.

알베르 카뮈의 소설 『이방인』의 첫 문장은 이렇게 시작한다. "오늘, 엄마가 죽었다. 아니 어쩌면 어제. 모르겠다." 주인공 뫼르소는 자신의 어머니가 돌아가셨다는 사실을 마치 남의 일인 양 이야기한다. 그는 어머니의 죽음에 아무런 감정을 느끼지 못하고, 마찬가지로 어머니의 장례식장에서도 아무렇지 않게 행동한다.

우리가 뫼르소와 같은 사람을 일상에서 목격했다면 그의 이런 행동을 어떻게 받아들일까? 그럴 수도 있다고 생각하기보다는 '자식으로서 저러면 안 되는 거 아니야?'라고 생각하거나 필요하다면 직접 상대방에게 조언을 할 수도 있다. 이처럼 인간에게는 특정 상황에서 한 개인이 어떻게 행동하기를 바라는 '정서 표현 규범'이 있다. 이 정서 표현 규범에서 어긋나면 우리는 그 사람에 대한 평가를 부정적으로 하게 된다.

이렇게 정서는 우리 삶에서 수시로 일어나는 어려움이나 즐거움, 그리고 타인에 대한 평가와 같은 사회적 평가에 많은 부분 관여되어 있다. 정서는 우리의 삶을 좀 더 의미 있게 만들어주지만, 정서 문제 때문에 일상생활에 심각한 어려움을 호소하거나 때로는 부정적 정서를 이기지 못하고 문제 행동을 일으키기도 한다.

실제 정서 인식이나 표현에 문제가 있는 경우라면 어떤 일이 발생할까? 일단 정상적인 생활이 어려울 것이다. 예를 들어 다른 사람이 지금 슬픈지 기쁜지 그 정서 상태를 전혀 파악하지 못한다면, 또한 내가 기쁠 때나 슬플 때 그 정서 상태를 타인과 적절하게 공유하지 못한다면 사회생활에 어려움이 있을 것이다.

반사회적 행동도 정서 인식과 표현, 특히 사회적 공감과 정서 조절에 심각한 문제가 있어 나타나는 행동이라고 볼 수 있다. 사회적으로 공분을 사는 반사회적 범죄 행위가 나타나는 여러 이유 중 하나가 정서 문제다. 흔히 우리가 말하는 사이코패스의 전형적인 특징은 타인에 대한 공감 부족, 자기중심적 사고, 충동적인 행동, 죄책감의 결여 등이다. 이런 정서적 특징은 자신의 감정과 충동 행동을 억제하는 전전두엽의 현저한 기능 저하와 연관이 많다.

전전두엽은 사고 활동을 체계적으로 조직, 운영, 감독하는 인지적 기능을 담당하지만, 자신과 타인의 정서 이해, 정서 조절과 행동 통제의 정서적 기능도 담당하는 것으로 알려져 있다. 일반인들과 다른 생리학적 특징이 있으며, 이것이 정서의 무감성, 행동의 충동성, 자신의 행동에 대한 왜곡된 해석 등으로 나타난다고 보아야 한다. 따라서 문제가 심각하게 전개되기 전에 예방적 차원에서 대상자들은 정신의학 전문의 등을 포함한 심리 치료를 받을 필요가 있으며, 동시에 사회적 관심과 지원이 적극적으로 전달될 필요가 있다.

정서와 은둔형 외톨이

정서는 개인의 생물학적 측면에서뿐만 아니라 사회학적 기능 면에서도 매우 중요하다. 앞에서도 잠시 언급했던 것처럼 진화론적 관점에서의 정서는 자신의 생명을 유지하기 위한 행동과 판단을 하는 데 중요한 역할을 한다. 그뿐만 아니라 정서는 사회적 생존을 가능하게 하는 중요한 요소이기도 하다. 특히 정서의 사회적 의사소통 기능이 중요한데, 공동체 생활을 하기 위해서는 정서를 기반으로 한 타인과의 의사소통, 즉 교류를 적절히 수행할 수 있는 능력이 필요하기 때문이다.

그럼에도 오늘날 우리 사회에 스스로 고립되길 선택하는 은둔형 외톨이가 증가하는 현상이 나타나고 있다. 타인과 함께 경험을 나누고 그 안에서 삶의 의미를 확인하려 하기보다, 사회로부터 분리되어 스스로 고립을 택하는 것이다. 이들은 거의 집 안에서만 생활하며, 필요한 경우 생필품을 사기 위해 한 달에 한 번 정도 아주 짧은 시간 동안 집 밖으로 나간다고 한다.

이들은 왜 다른 사람과 함께하는 사회적 삶이 아닌 은둔이라는 고립된 삶의 방식을 선택했을까? 최근 청소년연구센터가 그들이 은둔을 선택한 계기가 무엇인지 조사를 수행했다고 한다. 조사 결과, 가장 큰 계기는 우울증과 같은 심리 상태 때문이며, 이외에 학업 중단이나 진학 실패, 인간관계의 어려움, 실업, 부모와의 갈등, 장애가 있거나 몸이 불편해서 등의 대답이 있었다고 한다. 확인된 이유들이 표면적으로는 다르게 느껴질 수 있지만, 그 내면은 모두 부정적인 정서 경험과 밀접한 관련이 있음을 알 수 있다. 불안, 갈등, 열등감, 패배감, 무력감 등으로 인해 스스로 원하지 않았지만 경쟁 중심의 우리 사회에 의해 타율적으로 은둔형 외톨이로 몰린 것이 아닌가라는 생각을 해본다.

은둔형 외톨이가 우리나라에서는 최근 들어 문제가 되고 있지만, 일본에서는 이미 심각한 사회문제였다. 우리나라의 경우에는 은둔형 외톨이의 수가 대략 20만 명 이상으로 추정되고, 일본의 경우에는 54만 명 이상으로 추정된다. 우리나라의 두 배가 넘는 수치다. 일본의 경제 성장이 멈추기 시작한 1990년대부터 취업 등 사회심리적 어려움을 이기지 못한 청년들이 더 이상 사회활동을 하지 않고 집에만 머물기 시작한 것이다. 당시 20대였던 이들이 잃어버린 일본 경제 30년 동안 그대로 은둔형 외톨이로서의 삶을 이어왔고, 50대가 된 이들을 80대 노부모가 여전히 데리고 사는 일이 현재에도 진행되고 있는 상황이다. 사회적 삶을 포기한 것이다.

이런 일들이 우리나라에서 나타나지 않으리라고 장담하긴 어렵다. 이들이 속히 다시 사회적 삶의 장으로 돌아올 수 있도록 사회적 관심과 지원이 필요한 시점이다. 우리 청년들이 정서적으로 건강한 경험을 할 수 있도록 도와주는 것은 바로 우리 사회, 그리고 어른들의 몫이다. 그러나 정작 우리 사회는 청년들에게 무조건적인 경쟁만을 여전히 강요하고 부추긴다. 그러다 보니 우울증과 이로 인한 자살 시도 등의 사회적 문제가 지속적으로 증가하고 있는 것이 현재 우리의 모습이다.

우리 사회가 일반적인 경쟁 사회를 넘어, 과잉hyper 경쟁 사회의 특징을 띠고 있는 것 같아 안타깝다. 남에게 뒤처지지 않는 것, 오히려 남보다 무조건 앞서야 한다는 생각이 노골적으로 이야기되지 않더라도 분명 사람들의 인식 내에 존재한다. 과잉이라는 말이 의미하듯이 여기에는 그에 대한 사회적 대가가 따르기 마련이다. 그런데 그 대가가 우리 청년들의 심리적 건강의 문제라니, 사회적인 경각심과 변화의 노력이 절실히 필요한 시점이다.

정서는 우리에게 어떤 도움을 줄까

정서의 긍정적 기능은 목표를 추구하거나 일에 보다 집중할 수 있는 중요한 힘이 된다는 것이다. 먼저, 목표를 추구하는 과정에서 정서는 자신의 행동을 조절하는 요인으로 작용한다. 목표를 설정하는 것 자체가 설렘이고, 기대라는 긍정적 정서 경험을 수반하는 활동이다. 자신을 설레게 하지 않는 목표는 목표 달성을 위한 노력에 아무런 영향을 미치지 못하며, 결국 목표는 포기, 실패라는 부정적 결과로 종결된다.

목표 추구 과정에서 우리는 간절히 원하는 목표를 성취했을 때 커다란 기쁨을 느낀다. 그리고 기쁨은 거기서 그치는 것이 아니라, 더 나아가 새로운 목표를 탐색하고 도전하도록 하는 긍정적인 파급효과를 만들어낸다. 목표 성취에 따른 정서 경험이 이후의 생각과 행동에 변화를 가져오는 선순환 구조를 만드는 것이다.

반대로 목표가 좌절되었을 때는 어떠한가? 목표 도전 과정에서 경험하는 부정 정서도 물론 있을 수 있다. 목표 도전의 실패로 인해 실망감을 느낄 수도 있지만, 정서 조절을 통해 이를 이겨내는 경험은 이후 실패 내성resilience을 키우는 데에 매우 중요하게 기능한다. 우리는 실망감과 함께 '조금 더 열심히 했으면 목표를 달성할 수 있었을 텐데'라는 아쉬움을 경험하게 된다. 그리고 이 아쉬움을 통해 마음을 다잡고 이후 더 열심히 노력해 재도전을 시도한다. 한 번의 시도를 통해 성공하는 경우가 점점 더 드물어지는 것이 현실이다. 실패의 좌절감을 어떻게 이겨내느냐가 중요하고, 실패 내성을 기반으로 한 성공 경험은 이후 지속적인 도전의 중요한 기반이 될 수 있다.

마지막으로 긍정 정서는 우리가 어떤 일이나 상황에 몰입할 수 있도록 돕는다. 사람은 불안을 느끼면 당연히 무언가에 몰입하기가 어렵다. 물론 내 눈앞에 사자가 나타난다면 공포감으로 인해 도망가는 행동에 철저히 몰입하겠지만, 일반적으로는 긍정 정서를 느낄 수 있는 상황에서 훨씬 더 일에 몰입하기 쉽다는 것은 분명하다.

긍정 정서는 개인의 생각과 행동의 범주를 확장시켜 무언가에 적극적으로 몰입할 수 있는 심리적 상태를 만들어 준다. 이것을 확장-구축 이론Broaden and Build Theory이라고 한다. 긍정적인 마음이 있어야 무언가에 더 집중하게 되고, 이런 긍정 정서는 보다 넓은 관점에서 현상을 바라볼 수 있는 여유를 만들어 결국 자신이 기대했던 결과를 만들어낼 수 있다는 것이다.

지금까지의 연구를 보면 창의적인 생각을 요구하는 과

제를 수행하는 상황에서 긍정 정서일 때가 부정 정서일 때보다 창의적 산출물을 더 많이 만들어낸다고 한다. 긍정 정서는 창의적 사고의 세 가지 요소인 유창성, 융통성, 독창성에 긍정적인 영향을 미치는데, 이는 긍정 정서가 보다 확장된 관점에서 문제 해결책을 생각하도록 촉진 역할을 하기 때문이다.

창의적 문제 해결에서 중요한 것이 다양한 가능성에 대한 확산적 사고divergent thinking인데, 긍정 정서가 사고의 확장성에 보다 긍정적인 영향을 미친다는 것을 많은 연구를 통해 확인할 수 있다. 반대로 부정 정서를 가질 때에는 일종의 생각의 병목bottle neck 현상이 발생하게 된다. 이 경우 창의적 사고뿐만 아니라 주의집중이나 분석, 종합, 평가 등의 사고 활동도 제한되는 결과를 가져온다.

타인과의 관계 형성과 의사소통 기능

정서는 사회적 생존 기능과 관련해 타인과의 관계 형성과 유지에 매우 중요한 역할을 한다. 가령 직장생활을 하면서 동료나 상사의 정서 상태를 잘 모른다면 어떻게 될까? 회의를 하고 있는데 상사의 표정이 매우 어둡다. 그런데 상사의 그런 정서를 파악하지 못한 채 점심에 뭘 먹을지 묻거나 어제 본 영화 이야기를 한다면 어떤 일이 발생할지 불 보듯 뻔하다.

다른 사람은 화가 나 있거나 슬프거나 불안한 상태인데 그런 상황을 인식하지 못하고 계속해서 자신의 기쁜 상태를 표현한다면 '저 사람 뭐야? 왜 저래?'라는 이야기를 들을 수밖에 없다. 그렇기 때문에 자신의 정서를 이해하는 것은 물론이고 타인의 정서를 이해하고 그 상황에 맞게 자신의 정서를 표현하는 것이 사회적 생존 측면에서 중요하다.

특히 찰스 다윈이 깊이 관심을 갖고 연구한 것처럼 우리의 얼굴 표정은 사회관계를 형성하는 데 아주 중요한 정서의 소통 방식이다. 공동체 생활과 생존을 위해 진화한 결과라고 할 수 있다. 앞에서도 이야기했던 인간의 여섯 가지 기본 정서인 공포, 혐오, 분노, 놀람, 기쁨, 슬픔은 문화와 시대, 지역과 무관하게 인간의 얼굴 표정에서 보편적으로 나타난다. 우리는 얼굴 표정을 통해 자신의 정서 상태를 표현하기도 하고, 또 타인의 정서 상태를 이해하기도 하며, 이를 기반으로 그 상황에 맞게 생각하고 행동하는 것이 가능하다.

　얼굴 표정 중에서도 특히 눈을 통해 의사소통이 이루어지는 경우가 많은데, 이와 관련한 흥미로운 가설이 하나 있다. '협력적인 눈' 가설이라는 것이다. 인간은 다른 유인원들과 달리 눈의 흰자위(공막)가 매우 넓다. 원숭이의 경우만 보더라도 눈에 흰자위가 없다. 그렇다면 인간이 유독 흰자위가 발달했다는 것은 어떤 장점이 될 수 있을까? 바로 비언어적 소통이 가능하다는 점이다.

　예를 들어 사냥이나 숨바꼭질 놀이를 할 때처럼 소리를 내면 안 되는 상황에서 옆 사람에게 목표물의 위치를 눈으로 가리키는 경우가 바로 그렇다. 눈으로 얼마든지 의사소통이 가능한 것이다. 눈 근처의 부위를 이용한 정서 표현도 가능하다. 눈썹을 치켜세우는 것은 화가 난 상태를, 하회탈같은 초승달 눈썹 모양은 기분이 좋은 상태를 말해준다.

　정서의 비언어적 소통은 인간의 생존을 위한 중요한 기능이다. 아기들은 3개월 정도만 되어도 자기를 돌봐주는 사람의 얼굴 표정을 보고 그 사람이 지금 기쁜지, 슬픈지를 구분한다. 그뿐만 아니라 기쁜 표정과 화난 표정도 구분할 수 있다고 한다. 생존을 위해 얼굴 표정에 담긴 정서 메시지를 읽는 것이 매우 중요한 생존 본능임을 보여주는 예다.

얼굴 표정 중 미소는 정서 표현 중에서 우리가 가장 많이 활용하는 부분이다. 일반적으로 미소는 다양한 정서적 메시지를 전달하는데, 보통 미소를 통해 우리가 전달하는 의사소통 기능은 크게 세 가지로 구분한다.

첫째는 보상의 미소다. 예를 들어 상대방이 어떤 행동을 했을 때 '참 잘했어!'라는 칭찬의 메시지를 전달함으로써 특정 행동이나 상황이 재현될 확률을 높이는 기능이다. 우리가 어떤 일을 했을 때 동료나 상사가 긍정적인 메시지로 미소를 짓는다면 서로 간에 염화미소의 마음이 공유되어 이후 신나게 일할 수 있다. 칭찬으로서의 미소가 고래도 신이 나 춤추게 만드는 것이다.

둘째는 친화의 미소다. 접근 가능성을 높이고 서로 간에 친밀감을 전달하는 기능을 한다. 내가 당신을 공격의 대상 또는 경계의 대상으로 여기지 않고 호의적으로 생각한다는 메시지를 미소를 통해 표현하는 것이다. 미국에서 유학 생활을 할 때 복도에서 사람들을 마주치면 서로 모르는 관계인데도 그들은 미소를 짓고는 했다. 일종의 친화의 미소다. 복도나 엘리베이터에서 사람을 만나면 고개를 숙이거나 딴 데를 보는 척하거나, 휴대전화를 보는 우리나라 사람들의 행동과는 많이 다르다. 공동체를 이루고 관계를 쌓아가며 살아가는 사회에서 어떤 것이 더 나은 모습인지 한번쯤 생각해보면 어떨까 싶다.

셋째는 지배의 미소다. 자부심을 표현하며, 때로는 조롱과 경멸을 전달하는 기능을 한다. 예를 들어 미소를 통해 상대방이 나보다 지위가 낮을 때 윗사람으로서의 자부심을 표현하기도 하고, 때로는 상대방에 대한 조롱이나 경멸을 나타내기도 한다. 이런 표정을 보면 우리는 불쾌한 마음을 경험하며, 때로는 이 미소를 지은 사람에 경멸의 마음을 갖기도 한다. 내가 우위에 있다는 것을 알리기 위해 미소를 짓는다는 것은 미소의 긍정적 가치를 훼손하는 일임에 틀림없다.

보상의 미소, 친화의 미소, 지배의 미소, 이 세 가지 기능에 따라 우리의 얼굴 표정은 각기 다르게 나타난다. 보상의 미소를 지을 경우에는 양쪽 입꼬리가 모두 올라간다. 그래서 상대방이 자기를 칭찬한다는 것을 느끼게 된다. 친화의 미소를 지을 때는 입을 다문 채 한쪽 입꼬리만 올라가는 경

보상의 미소, 친화의 미소, 지배의 미소

우가 많다. 무언가 의도적인 메시지가 표정에 그대로 담겨 전달된다. 지배의 미소는 약간 거만한 듯한 웃음이라고 볼 수 있다. 얼굴 한쪽이 강조되는 미소가 만들어진다. 얼굴에 나타난 미소의 모양을 보면서 우리는 서로 다른 정서를 경험하게 되고, 이후 내가 느낀 정서에 따라 그에 맞는 행동을 하게 된다. 보상의 미소를 보면 감사의 마음을 표현하게 되고, 친화의 미소를 대하면 친근한 행동을, 지배의 미소를 대하면 불쾌한 마음을 전달하는 행동을 자신의 정서 경험에 맞게 취할 수 있는 것이다.

한편 개인이 나타내는 개별 정서는 사회적으로 서로 다른 메시지로 받아들여질 수 있다. 예를 들어 개인이 슬픔을 표현한다면 사회적으로 어떤 메시지를 전달할까? 이 경우 슬픔은 타인에게 사회적 지지와 보호를 요청하는 신호로 기능한다.

그렇다면 분노의 표현은 어떤 메시지를 전달할까? 분노는 타인을 상대로 내가 갖고 있는 문제에 관심을 가져달라는 요구로 기능한다. 가끔 나도 우리 아이들에게 화를 낼 때가 있는데, 그것은 곧 아이들에게 '이 문제가 매우 중요하니 지금 내 이야기에 더 관심을 가져줘!'라는 메시지를 던지는 것이다.

이때 분노에 대한 상대방의 반응 여부는 서로 간의 힘의 관계에 의해 달라진다. 다시 말해 분노를 표출하는 사람과 그 정서를 인식하는 사람, 즉 듣는 사람 간의 힘의 관계에 의해 좌우된다. 분노를 표출하는 사람은 자신보다 힘이 없는 상대방에게 '네가 지금 내 분노에 동조하거나 미안해하지 않으면 너에게 대가(비용)를 치르게 할 수 있다'는 메시지를 전달할 수 있다.

우리나라 영화 〈베테랑〉을 보신 분들은 기억할 텐데, 영화에 등장하는 한 기업 총수가 노동자를 상대로 폭력을 가하고는 '맷값'이라며 돈을 주는 장면이 있다. 안타깝게도 우리나라에서 실제 일어난 사건을 모티브로 영화화한 장면이다. 분노 표출의 대상자는 자신이 힘이 있는 경우에는 그에 맞게 대응하겠지만, 그렇지 않은 경우에는 적절히 반응하지 못함으로써 무력감을 경험하게 된다.

그렇다면 강자와 약자 중 누가 더 분노를 자주 표현할까? 답은 분명해 보인다. 분노를 자주 표출하는 사람은 자신이 힘이 있다고 믿는 사람이다. 그 힘을 통해 자신의 존재를 드러내거나, 타인에게 고통을 주고자 할 때 분노를 더 많이 표출하는 것이다. 일반적으로 자신이 약자라고 생각하면 상대방에게 분노 표현을 하기가 쉽지 않다. 되로 주고 말로 받을 수 있기 때문이다.

슬프게도 강한 자에게 약하고, 약한 자에게 강한 치졸한 모습을 일상에서 발견하는 것은 어려운 일이 아니다. 특히 분노의 정서는 스스로에 대한 성찰과 강한 자기 조절이 필요한 정서라고 할 수 있다. 강자의 불의에 대해서는 분노를, 약자의 아픔에 대해서는 연민을 갖는 게 건강한 공동체를 위해 필요하지 않을까?

정서의 집단 기능

정서는 개인의 행동뿐 아니라 집단을 형성하고, 또 집단의 행동을 유발하는 데에도 매우 중요하게 기능한다. 보통 어떤 집단 상황에서 동일한 정서 경험을 많이 하면 집단에 대한 정체감과 소속감이 더 강화되는 현상이 나타난다.

예를 들어 내가 어떤 스포츠팀의 팬인데 경기장에서 직접 경기를 관람하는 상황이라고 해보자. 이때 경기장에 모인 많은 사람들과 함께 같은 팀을 응원하며 공유한 정서들이 쌓이고 쌓이면 '찐팬'이 된다.

그런데 경기장에서 직접 관람하며 응원하지 않고 그냥 집에서 TV로 경기를 보거나 기사를 통해 경기 내용을 접했다면 팬으로서의 마음가짐이 달라진다. 여러 사람들과 함께 현장에서 직접 정서를 경험했느냐, 그렇지 않느냐에 따라 집단에 대한 정체감과 소속감은 서로 다를 수밖에 없다.

긍정 정서의 공유뿐만 아니라 부정 정서의 공유도 집단에 대한 정체감이나 소속감을 강화시킨다. 1997년 우리나라가 외환위기에 놓였을 때 국민들이 자발적으로 금 모으기 운동에 참여한 적이 있다. 운명 공동체로서 함께 시련을 극복하려는 마음이 작용했기에 가능한 일이었다. 나의 국가, 내가 속해 있는 공동체에 닥친 시련에 대한 안타까움, 슬픔, 불안, 공포를 함께 극복하겠다는 강한 의지가 국민을 한뜻으로 뭉치게 하는 힘을 만들어낸 것이다.

정서는 이뿐만 아니라 집단 구성원의 행동을 규제하는데 활용되기도 한다. 예를 들어 공개적으로 수치심을 느끼게 함으로써 구성원의 행동을 약화시키는 결과를 만들기도 한다. 또 반대로 공개적으로 자부심을 느끼게 하면 구성원의 행동을 강화시키는 결과가 발생한다.

독일의 로젠버그에 있는 범죄박물관에는 '치욕의 가면'이 전시되어 있다. 잘못을 저지른 사람에게는 일종의 형벌처럼 그 가면을 쓰고 돌아다니게 하는 관습이 있었다고 한다. 우리나라의 오래전 풍습 중에 아이들이 오줌을 싸면 키를 쓰고 집집마다 소금을 얻으러 다니게 했던 것과 유사하다.

내가 고등학교에 다닐 때만 해도 학교는 1등부터 100등까지 학생들의 등수와 성적을 모두 공개했다. 1등에서 100등까지는 자부심을 갖고 서로 경쟁하며 더 열심히 하기를 바랐을 것이고, 100등 이하로 명단에 이름이 없는 경우에는 수치심을 느껴 더 분발하기를 바라는 의도였을 것이다.

그런데 이 방법으로 학생들의 성적이 얼마나 올랐는지, 효과가 정말 있었는지는 사실 잘 모르겠다. 한 가지 분명한 것은 1등을 제외하고는 그 어떤 학생도 성적 공개에 만족하지 않았다는 것이다. 1등도 자기가 언제 2등이 될지 모르니, 그 학생 역시 불만족했을지도 모른다.

정서에는 집단행동을 유발하는 기능 또한 있다. 집단행동은 정서 풍토emotional climate를 기반으로 이루어진다. 반복적으로 경험하는 집단 정서가 축적되면 이것이 하나의 풍토로 만들어진다. 이런 정서 풍토가 때로는 집단행동을 유발하기도 하는데, 예를 들면 불안이나 분노와 같은 위기의식을 통해 집단행동이 유발되는 경우를 생각해볼 수 있다.

이와 관련한 이야기를 하나 해보자. 프로야구 만년 꼴찌 팀이었던 KT가 2021년 한국야구리그에서 우승을 했다. 내야수인 박경수 선수는 한 매체와의 인터뷰에서 이렇게 이야기했다. "팀이 하위권에 머물러 있다 보니 무시 아닌 무시도 많이 당했다. 다른 팀 선수들이 'KT랑 붙는 날만 기다린다'는 말을 하는 것도 들었다. 기분이 좋지 않았고, 많이 힘들기도 했다."[3]

창피하고 자존심이 상하는 부정 정서가 팀 내에 팽배해 있었다고 짐작할 수 있다. 기분이 나쁘고 힘들었지만, 한편으로는 그럴수록 '한번 이겨보자!' 하는 오기가 생겼을 것이다. 결국 그들은 오기를 통해 한국야구리그 우승을 거머쥐었다. 가슴에 품고 있던 설움을 떨쳐내고 분발할 수 있었던 것은 바로 '한번 해보자'라는 오기의 정서 풍토가 집단 노력을 유발하는 힘으로 작용한 덕분일 것이다.

나아가 정서는 집단행동을 통제하는 역할도 한다. 집단 구성원들이 자신보다 지위가 높은 구성원의 분노 표출을 경험함으로써 집단 내에 불안 심리가 강하게 형성되어 있다면, 이 상황에서 집단 구성원들은 자신의 행동을 조심하려는 심리적 경향을 갖게 된다.

의도적으로 집단 구성원들의 행동을 통제하기 위해 집단 수준에서 얼마든지 이런 정서 상황을 만들 수도 있다. 북한처럼 공산주의 체제에 대한 내부 불만과 저항을 통제하기 위해 외부 세력으로부터의 물리적 위협이나 전쟁의 가능성 등을 조장하는 것이 그 예다.

이제는 이성(생각)과 감정(정서)을 이분법적으로 나누는 것은 의미가 없다. 이성과 감정 모두 개인의 삶과 정체성을 규정하는 중요한 심리적 요소이자 결과물이기 때문이다. 감정을 통해 우리는 삶의 기쁨과 슬픔, 즐거움과 아쉬움을 경험하며, 주변 사람들과의 관계를 긍정적으로 맺기 위해 노력하고, 집단 구성원으로서의 정체성을 갖게 된다. 정서는 우리의 경험을 단순한 무채색이 아닌 유채색으로 채워주는 삶의 다양성이다.

최근 들어 사회적으로 공분을 사는 심
각한 반사회적 범죄 행위가 두드러지
게 나타나고 있다. 여러 가지 이유가 있
겠지만 정서와도 관련이 있을까?

같은 직장 동료를 일방적으로 쫓아다니다가 무참
히 살해한 스토킹 살인사건, 돌이 갓 지난 아이를
집에 혼자 방치해 삶의 꿈도 피워보지 못하고 세
상을 등지게 한 아동학대 살인사건 등 우리 사회에
반사회적 범죄 행위가 끊이지 않고 있다. 반사회
적 범죄를 저지른 사람들의 공통점은 바로 정서 이

해와 조절에 심각한 문제가 있다는 것이다. 정서 이해는 사회생활에 중요한 서로의 마음을 읽고 공유하는 능력이다.

반사회적 범죄를 저지르는 사이코패스들의 특징은 갇힌 마음, 왜곡된 마음을 가졌다는 것이다. 갇힌 마음은 오직 자신의 감정과 생각만이 전부일 뿐 타인의 감정과 생각은 전혀 고려하지 않는다. 또한 왜곡된 마음으로 다른 사람들과 사회가 자신에게 끊임없이 피해를 준다고 생각한다. 이런 상태의 갇힌 마음과 왜곡된 마음은 타인과 사회에 대한 피해의식으로 강화되고, 이것이 곧 반사회적 범죄 행동을 저지르고도 자신의 행동에 대한 죄책감을 전혀 느끼지 못하는 결과로 이어진다고 할 수 있다.

이런 왜곡된 정서와 이에 따른 충동적 행동을 보이는 사이코패스적 특징을 가진 사람들은 자신의 감정과 생각, 행동을 통제하는 역할을 담당하는 전전두엽의 기능이 현저히 저하되어 있는 경우가 많다. 성장 과정에서 자신의 생각을 왜곡하는

일들을 경험하면서 이후 일반인과 전혀 다른 정서
인식과 표현을 드러내 보이는 것이다.

똑같은 상황에서도 사람마다 느끼는
정서의 강도가 다른데, 그에 따라 행복
의 크기도 달라질까?

같은 상황이나 사건에 대해 사람들이 느끼는 정서
의 유형과 강도는 다르게 나타날 수 있다. 예를 들
어 직장에 같이 입사한 동기가 회사에 특별 공헌을
해 특진을 했다고 하자. 이때 어떤 사람들은 축하
의 마음인 선의의 부러움을 느낄 수도 있지만, 어
떤 사람은 자신이 동기들 간의 경쟁에서 뒤처지고
있다는 불안감을 느낄 수도 있다. 전자의 경우에
도 동기와의 평소 관계가 얼마나 좋았느냐에 따라
느끼는 부러움의 정도는 달라질 수 있다.

행복의 경우는 어떨까? 행복도 부러움이나 불
안처럼 인간이 갖는 정서 중 하나다. 따라서 행복

도 같은 상황이나 사건이라도 사람마다 느끼는 정도가 달라질 수 있다. 예를 들어 결혼을 준비하는 예비 신부가 있다고 하자. 결혼을 앞둔 신부의 마음을 대표하는 정서는 바로 행복일 것이다. 이때 결혼을 준비하는 과정에서 경험하는 여러 가지 사건들, 결혼에 대한 개인적인 생각, 그리고 결혼 후 생활에 대한 기대 등에 따라 결혼을 준비하는 예비 신부의 행복감은 다르게 나타날 수밖에 없다.

행복을 연구하는 마틴 셀리그먼Martin Seligman이나 에드워드 디너Edward Diener와 같은 학자들은 이를 주관적 안녕감subjective well-being이라고 한다. 행복은 객관적 경험이 아니라 주관적 경험과 해석이라는 것이다.

2부_____

내 감정에
책임지는

삶을
연습하다

정서 지능은 자신과 타인의 정서 상태를 이해하고 보다 나은 결과를 만들기 위해 자신의 정서를 조절하는 능력이다. 정서 상태를 잘 이해하고 그 상태에서 무엇이 바람직한 행동이며 대안이 될 수 있는지를 생각하면서 자신의 정서를 조절하면 사회적 상황에서 직면하는 타인과의 관계, 업무 추진 능력 등을 한층 향상시킬 수 있다. 자기의 감정을 잘 조절하는 것 역시 하나의 지적 능력이다.

감정의 균형을 잡는 힘,
정서 지능

우리가 모르는 마시멜로 이야기

2부에서는 '감정 조절의 기술', 즉 정서 조절을 이야기해보도록 하겠다. 정서 조절이라고 하면 가장 먼저 떠올리는 고전 연구가 있다. 바로 마시멜로 테스트다. 이 연구는 스탠퍼드대학교 심리학과 교수 월터 미셸Walter Mischel과 그의 동료들이 1960년대에 실시한 역사적인 연구다.

　3~5세의 아이들 앞에 마시멜로를 놓아둔 후 15분 동안 기다리면 마시멜로 두 개를 먹을 수 있고, 기다리지 못하면 한 개만 먹을 수 있다고 말해준다. 이 상황에서 대부분의 아이들은 15분을 기다리지 못하고 한 개의 마시멜로를 먹는 쪽을 선택한다. 연구자들은 이 아이들을 지속적으로 추

적·관찰했는데, 그 결과 15분을 기다렸다가 두 개의 마시멜로를 먹는 쪽을 선택한 아이들일수록 학습 능력도 뛰어나고 이후 사회생활도 더 잘하더라는 것이었다.

그런데 이 마시멜로 테스트에는 이보다 더 중요한 메시지가 담겨 있다. 이 연구를 접했을 때 우리가 우선적으로 갖는 편견이 하나 있다. 참을성, 유혹이나 충동을 조절할 수 있는 능력은 타고난 것이어서, 충동 조절 능력을 가진 아이들일수록 자라서도 성공할 확률이 높다는 것이다. 이런 편견은 실험에 참여한 대상이 어린아이들이었기 때문인 것으로 보인다. 즉 이 연구의 대상이 어린아이들이다 보니 이들의 정서 조절 실패가 태어나면서부터 있던 충동 조절의 문제로 해석될 수 있는 것이다. 하지만 이런 편견은 잘못된 생각이며, 마시멜로 테스트의 연구 결과를 왜곡하는 것이다.

실제 연구에서 연구자들은 아이들이 유혹에 넘어가지 않도록 후속 연구를 통해 다양한 전략을 가르쳐줬다. 예를 들어 연구자들은 아이들에게 마시멜로를 보지 말고 즐거운 일이나 행복했던 추억을 떠올리게 했다. 그뿐만 아니라 장난감을 갖고 놀면서 시간을 보낼 수 있도록 주변 상황을 만들어주었다. 자신의 충동을 조절하는 방법을 안내받은 아이들은 대부분 15분을 기다렸다가 두 개의 마시멜로를 획득할 수 있었다.

이 말은 곧 유혹, 충동 등을 극복할 수 있는 능력은 선천적으로 타고나는 것이 아니라, 생각과 환경을 통해 얼마든지 조절될 수 있다는 것을 의미한다. 다양한 방식으로 유혹과 충동을 극복할 수 있도록 도와주었을 때 아이들이 모두 15분을 기다릴 수 있었다는 것이 마시멜로 실험을 통해 우리가 알아야 할 중요한 메시지다.

일상에서의 정서 조절 능력

우리가 일상생활 속에서 자신의 정서를 있는 그대로 다 표출하며 살아간다면 어떻게 될까? 아마 온전히 생활하기가 힘들 것이다. 대체로 사람들은 나름의 조절된 방식으로 자신이 경험한 정서를 표출한다. 예를 들어 직장에서 승진에 탈락했다고 가정해보자. 몹시 낙담해 화가 날 것이다. 그렇다고 승진에서 탈락했다는 소식을 듣는 순간 그 자리에서 "나를 승진에서 탈락시켰다고? 그렇다면 사표 내고 그만둬야지. 이런 회사 더 다녀서 뭐 하겠어?"라고 소리치며 화를 있는 그대로 표출하는 행동은 하지 않는다. 대개 사람들은 끓어오르는 화를 삭이며 소극적인 방식으로 자신의 감정을 표출한다. 가령 애꿎은 쓰레기통을 발로 찬다거나 퇴근 후 동료들과 술을 마시며 회사에 대한 불만과 한탄을 늘어놓는 식이다. 자신의 정서를 감당할 수 있는 행동 방식으로 나타내는 것이다.

또 다른 예로 중요한 공개 발표를 앞두고 있는 상황을 가정해보자. 많은 사람들은 이때 불안을 느끼게 되는데, 불안감을 조절하기 위해 다양한 전략을 사용한다. 그중 하나가 가능한 한 말을 천천히 하는 것이다. 천천히 말을 하면 그 내용에 대한 통제력이 생기고, 통제력을 회복하면 상대적으로 불안감이 낮아지기 때문이다. 또 하나는 친근한 사람의 얼굴을 떠올리는 것이다. 발표를 할 때 내 앞에 있는 사람들이 나의 가족이나 친한 친구라고 생각하면 마음이 놓이면서 불안을 조절할 수 있다.

많은 사람들이 자기의 감정을 잘 조절하는 것도 하나의 능력이라고 주장한다. 그와 관련된 것이 바로 정서 지능 emotional intelligence 이다. 정서도 일종의 지적 능력과 같다는 말이다. 정서 지능은 한마디로 자신과 타인의 정서 상태를 이해하고 보다 나은 결과를 만들기 위해 자신의 정서와 행동을 조절하는 능력이다. 우리가 정서 상태를 잘 이해하고 그 상태에서 무엇이 바람직한 행동이며 대안이 될 수 있는지를 생각하면서 자신의 정서를 조절하면 사회적 상황에서 타인과의 관계나 업무 추진 능력 등을 한층 향상시킬 수 있다.

정서 지능이라는 개념은 1920년대부터 있었다. 지능 이론에 큰 관심을 갖고 연구해온 미국의 유명한 심리학자 에드워드 손다이크Edward Thorndike는 1920년대에 이미 사회적 지능social intelligence이라는 개념을 언급했다. 사회적 관계를 잘 형성하고 그 관계를 기반으로 자기 자신이 해야 할 일을 잘 실행할 수 있는 능력을 사회적 지능이라고 한다. 에드워드 손다이크는 공부를 수행하는 지능뿐만 아니라 이런 사회적 지능도 어린 시절부터 교육을 통해 함께 키워주어야 한다고 제안한다. 정서 지능은 이런 사회적 지능과 밀접하게 연계되어 있는 또 다른 인간의 능력 요소다.

정서 지능이 체계적으로 연구되기 시작한 건 1990년대 심리학자 피터 샐러베이Peter Salovey와 존 메이어John D. Mayer에 의해서다. 이들은 자신의 정서를 잘 이해함으로써 그것이 나의 올바른 행동으로 연결될 수 있도록 해야 하는데, 그렇게 되면 다양한 상황에서 자기 자신의 정서를 조절함으로써 보다 건강한 방식으로 타인과 관계를 맺을 수 있고, 업무 수행 능력도 키울 수 있다는 것이다.

정서 지능이 대중에게 알려진 것은 1995년에 심리학자 대니얼 골먼Daniel Goleman이 『정서 지능』이라는 제목의 책을 출간한 이후부터라고 할 수 있다. 이 책을 통해 기업이나 공공기관에 속한 사람들이 리더로서 자신의 역량을 키우려면 본인의 정서를 조절하는 것이 중요하다는 인식을 갖기 시작했다. 또한 학교에서도 아이들의 미래 실천 역량으로 정서 지능을 키울 수 있는 교육에 대해 적극적으로 관심을 가졌다.

대니얼 골먼은 정서 지능을 구성하는 네 가지 요인으로 자기인식, 자기관리, 감정이입, 사회적 기술을 제안했다. 골먼은 자기인식은 자신의 정서 상태를 정확하게 인식할 수 있는 능력으로, 그리고 자기관리는 자신이 인식한 정서를 바람직한 방식으로 다룰 수 있는 능력으로 정의한다. 감정이입은 타인의 정서 상태를 공감하고 이해할 수 있는 능력이며, 마지막으로 사회적 기술은 정서를 바탕으로 타인과 좋은 관계를 형성하고 유지할 수 있는 능력이다.

정서 지능은 실제 이 네 가지 요인들의 기능적 역할을 통해 작동한다고 대니얼 골먼은 설명한다. 예를 들어 맡은 과제를 제대로 해 오지 못한 부하 직원이 있다고 하자. 이 상황에서 상사로서의 개인은 분노, 실망감, 좌절, 측은함, 미안함 등을 느낄 수 있다. 자기인식은 바로 이 사건으로 인해 현재 내 마음의 정서를 있는 그대로, 그리고 모두 인식하는 것이다. 이때 자기관리는 긍정적인 방식으로 자신의 정서를 관리하는 것이다. 일을 제대로 진행하기 위해 일단 분노의 마음은 줄이고, 도와주지 못해 미안한 마음은 상대적으로 키우고자 노력하는 것이 그 예라고 할 수 있다.

또한 감정이입도 상대방의 정서를 이해하고 향후 긍정적인 방향으로 문제를 해결하는 데 필요하다. '부하 직원의 마음은 어떨까? 죄송함이나 미안함을 느끼겠지, 설마 당당함은 아닐 거야.' 자기관리와 감정이입이 끝나면 일을 바람직한 방향으로 해결하기 위한 행동 결정을 해야 한다. 부하 직원이 가져온 보고서를 집어던지는 것이 아니라, 현재 보고서에 무슨 문제가 있는지, 어떻게 보완해야 할지를 같이 의논하면서 문제를 해결해나가는 행동을 취한다. 이것이 바로 사회적 기술이다.

정서 조절은 이처럼 자신과 타인의 정서를 이해하고, 긍정적인 방향으로 자신의 정서를 조절함으로써 올바른 행동 선택을 할 수 있는 능력을 말한다. 자신의 정서를 느끼는 그대로 노출시켜 얻는 것은 당장의 심리적 시원함일지 모른다. 하지만 잠시 숨을 고르면서 지금의 정서를 있는 그대로 인식하고, 더 중요하게 생각해야 할 정서가 무엇인지 확인한 뒤 바람직한 방향으로 이를 행동화하면 분명 이를 통해 얻게 되는 효과는 더 클 것이다.

왜 우리는 정서를 조절하려 할까

왜 우리는 정서를 조절하고자 할까? 있는 그대로 표출하지 않고 왜 그것을 약하게 만들거나 다른 방식으로 전환해 표현하고자 할까? 사실 자신의 정서를 조절하는 것이 쉽지 않을 때도 있다. 하지만 있는 그대로 지금 나의 정서를 표출하는 것은 이후 '내가 왜 그랬을까'라는 후회를 남기곤 한다.

우리가 정서 조절을 하는 첫 번째 이유는 심리적 불쾌감에서 벗어나고 싶어서다. 특히 좌절감, 모욕감 등과 같은 부정적인 정서를 느꼈을 때 그런 감정을 계속 유지하고 싶어 하는 사람은 없다. 어떻게든 긍정적인 정서로 전환하길 원한다. 즉 심리적 불쾌감으로부터 벗어나고 싶다는 동기가 작동하는 것이다. 이것을 우리는 쾌락적 동기hedonic motivation라고 한다. 인간은 본능적으로 심리적 쾌를 위해 긍정적인 방향으로 자신의 정서 상태를 변환시키려는 성향을 갖고 있다.

그런데 이때 쾌락적 동기를 위한 정서 조절 행동을 자칫 잘못 선택하는 경우가 있다. 가령 기분 전환을 위해 술을 마시거나 도박을 하는 경우가 그런 사례다. 안 좋은 일이 발생했을 때 그 일을 해결하기 위해 긍정적인 방식으로 자기 자신의 정서 상태를 침착하게 안정시키려는 노력을 해야 하는데, 단순히 그 상황을 회피하기 위해 술이나 도박에 의존하는 선택을 하는 것이다. 그보다는 운동을 하거나 도움을 줄 수 있는 사람과 이야기를 나누는 것이 더 좋은 선택일 수 있다. 사실 기분이 나쁠 때 술을 마시는 것은 크게 위로가 되지 않는다. 술을 마시면 오히려 더 기분이 나빠질 가능성이 있기 때문이다. 계속해서 그 일을 곱씹게 되면서 불쾌한 감정에서 벗어나지 못하고 계속 그 상태에 머물게 된다. 어떻게 보면 알코올의존증도 그런 이유로 발생하는 문제가 아닌가 한다.

우리가 정서를 조절하려는 두 번째 이유는 내가 해야 할 일을 더 잘하고 싶어서다. 어떤 일을 잘해내기 위해 자신의 정서를 조금 더 나은 상태로 변화시키고자 노력하게 되는데, 이것을 도구적 동기instrumental motivation라고 한다. 예를 들어 오늘 아침 직장에서 중요한 발표가 있다고 해보자. 그런데 하필 집에서 가족에게 버럭 화를 내고 출근했다면 발표가 잘될까? 당연히 그렇지 않다. 그래서 우리는 일반적으로 그 화를 가라앉히고 최대한 긍정적으로 생각하고자 노력한다. 예를 들어 집에 전화해 자신이 아침에 화를 낸 것을 사과함으로써 일에 집중할 수 있는 정서 상태를 의도적으로 만들기도 한다. 이뿐만 아니라 이후에는 중요한 일이 있을 때 사전에 화나는 일이 발생하지 않도록 조금 더 주의를 기울이게 된다.

정서를 조절하려는 세 번째 이유는 타인과의 관계를 망치지 않기 위해서다. 사회적 상황에서 나의 감정을 있는 그대로 지속적으로 노출한다면 다른 사람과의 관계가 어떻게 될까? 당연히 부정적으로 바뀔 가능성이 매우 크다. 그렇기 때문에 우리는 사회 속에서 자신의 감정을 조절하고

자 노력한다. 이것을 친사회적 동기prosocial motives라고 한다. 예를 들어 나에게는 더할 나위 없이 기쁜 일이지만, 그것을 반복해서 표현한다면 상대방은 이내 지치게 된다. 한두 번은 함께 기뻐해주겠지만 번번이 그럴 수는 없는 일이다. 슬프거나 화가 나는 감정 역시 마찬가지다. 한두 번은 측은지심으로 감싸주거나 함께 눈물을 흘려줄 수 있지만 그 횟수가 반복되면 슬쩍 자리를 피하게 된다. 관계가 불편해지는 것이다.

정서를 조절하려는 네 번째 이유는 타인의 평가를 의식해서다. 이것을 우리는 인상관리 동기impression management라고 한다. 사실 우리 사회의 문화나 분위기는 자신의 감정을 여과 없이 드러내는 행동을 일반적이라고 보지 않는다. 그렇다 보니 우리 스스로 감정을 드러내는 것을 주저하기도 한다. 다른 사람들이 자신을 이상하거나 비호감인 사람으로 평가할지도 모른다고 생각하기 때문이다. 그래서 정서를 표출할 때 안 좋은 일이 있어도 두루뭉술하게, 때로는 자랑할 일이 있어도 겸손하게 표현하는 경우가 많다. 감정을 표출하되 다른 사람들이 나를 더 좋게 평가하도록 자신의 정서를 조절해 표현하는 것이다.

정서 규범

정서를 조절하려는 이유와 관련해 함께 생각해볼 것 중 하나가 정서 규범emotional norms이다. 정서 규범은 캘리포니아대학교 버클리 캠퍼스의 사회학과 명예교수인 앨리 러셀 혹실드Arlie Russell Hochschild가 제안한 개념으로, 우리가 정서를 느끼고 표현할 때의 정서 인식과 표현 방식에 일종의 사회적 기대가 있다는 것이다.

먼저, 특정 상황에서 어떤 정서를 느끼는 것이 일반적인가에 대한 사회적 기대를 느낌 규칙feeling rules이라고 한다. 그리고 특정 상황에서 정서를 어떻게 표현할 것인가에 대한 사회적 기대를 표현 규칙display rules이라고 한다. 예를 들어 장례식장에 조문을 갔다고 해보자. 이때 어떤 감정을 경험하는 것이 일반적인지, 어떤 방식으로 정서를 표현해야 하는지 등에 대한 규칙, 즉 사회적 기대가 있다는 것이다. 졸업식장에서, 결혼식장에서, 스포츠 경기를 응원할 때 등 일상의 많은 상황 속에 정서 규범이 존재한다. 이런 정서 규범에서 벗어나면 사회적으로 부정적인 평가를 받을 가능성이 높아진다.

내가 느끼는 것들을 그 상황에서 어떻게 표현하는 것이

바람직한가의 문제는 사회의 일반적인 정서 규범의 관점에서 설명할 수도 있지만, 때로는 직업 활동 내에서의 개인의 역할과 같은 역할 특수적 관점에서 생각해볼 수도 있다. 예를 들어 서비스업 종사자의 경우 정서 표현은 사회의 일반적인 정서 규범보다는 직업 역할에 따른 정서 규범, 특히 표현 규칙에 더 많은 영향을 받는다. 이들은 종종 상대방으로부터 무례한 언행을 경험하더라도 자신의 정서를 있는 그대로 표현하지 못하며, 심지어는 자신의 정서를 보호할 수 있는 최소한의 방어행동을 취하는 것조차 어려운 상황에 놓인다. 이들이 직업 역할을 수행하면서 겪는 감정 스트레스는 자기존중감에 심각한 심리적 위협을 초래할 수 있다. 따라서 감정 노동자들의 심리적 건강권을 보장할 수 있는 제도적 안전장치가 절대적으로 필요한 것이다.

또한 문화에 따라 정서 규범이 달라지기도 하고, 때로는 같은 문화권에 속해 있더라도 남성과 여성의 정서 경험이나 정서 표현에 대한 사회적 기대가 다른 경우도 있다. 예를 들어 분노와 슬픔이라는 두 개의 감정을 비교했을 때, 이 두 정서의 사회적 기대는 성별에 따라 확연히 다르다. 남성에게는 분노를, 여성에게는 슬픔이라는 정서를 자연스럽게 기대하고 받아들이고 있지는 않을까? 이 부분에 대해서는 3부 2장의 '정서의 성차별'에서 더 자세하게 이야기하도록 하겠다.

나를 지키는
감정 조절의 기술

선행자 초점 정서 조절

정서 조절은 구체적으로 어떻게 이루어질까? 먼저 선행자 초점antecedent-focused 정서 조절 방식을 이야기해보자. 정서 조절은 어떤 일이 발생한 뒤에 취할 수도 있지만 일이 일어나기 전에, 특히 부정적 정서를 회피할 수 있도록 미리 조절하는 방식을 통해 이루어질 수도 있다. 사전에 예상되는 특정 정서를 예방하거나, 다른 긍정적 정서 경험이 가능하도록 조치하는 방식이다.

선행자 초점 정서 조절은 주로 상황에 대한 조작을 통해 사전에 정서 조절을 시도하는 방법이다. 이 방식에는 상황 선택situation selection, 상황 수정situation modification, 주의 배치attention deployment, 인지적 재평가cognitive re-evaluation 방식이 포함된다. 예를 들어 오늘 저녁 모임에 참석해야 한다고 가정해보자. 그런데 그곳에 가면 내가 싫어하는 사람을 마주해야 한다. 실제 그런 상황이 발생하면 내 기분이 어떨까? 당연히 안 좋을 것이다. 이때 위의 네 가지 사전 전략을 통해 부정적인 정서 경험을 예방할 수 있다.

첫 번째는 상황 선택 전략이다. 그 모임에 아예 참석하지 않는 것이다. 그 모임에 참석할 것인지, 말 것인지 그 상황을 내가 먼저 선택하고, 그럼으로써 나에게 부정적인 정서 경험을 줄 수 있는 상황을 사전에 차단하는 방법이다. 개인적으로 종종 사용하는 방법이기도 한데, 불쾌한 정서를 경험할 수 있는 가능성으로부터 스스로를 보호하는 방식이다.

두 번째는 상황 수정 전략이다. 그 모임에 참석하는 상황을 내가 먼저 바꿔놓는 것이다. 예를 들어 모임의 주선자에게 전화를 걸어, 내가 어떤 사람과 직접 마주치는 상황이 불편한데 다음에 우리끼리 따로 만나는 것이 어떻겠느냐고 제안하거나, 또는 모임에 그 친구를 부르지 않았으면 좋겠다는 자신의 의사를 건네는 것이다. 그렇게 해서 내가 원하는 상황이 만들어지면 나는 모임에 참석해 불쾌감 없이

서가

서울대 가지 않아도 들을 수 있는 명강의

명강

인문
개인에서 타인까지,
'진짜 나'를 찾기 위한 여행

다시 태어난다면, 한국에서 살겠습니까

사회과학 이재열 교수 | 18,000원

"한강의 기적에서 헬조선까지 잃어버린 사회의 품격을 찾아서"

한국사회의 어제와 오늘을 살펴
문제점을 진단하고 해결책을 제안한 대중교양서

우리는 왜 타인의 욕망을 욕망하는가

인류학과 이현정 교수 | 17,000원

"타인 지향적 삶과 이별하는 자기 돌봄의 인류학 수업사"

한국 사회의 욕망과
개인의 삶의 관계를 분석하다!

내 삶에 예술을 들일 때, 니체

철학과 박찬국 교수 | 16,000원

"허무의 늪에서 삶의 자극제를 찾는 니체의 철학 수업"

니체의 예술철학을 흥미롭게, 또 알기 쉽게
풀어내면서 우리의 인생을 바꾸는 삶의
태도에 관한 니체의 가르침을 전달한다.

지금, 서가명강 시리즈로 각 분야 최

서가명강 BEST 3

서가명강에서 오랜 시간 사랑받고 있는
대표 도서 세 권을 소개합니다.

나는 매주 시체를 보러 간다

의과대학 법의학교실 유성호 교수 | 18,000원

"서울대학교 최고의 '죽음' 강의"

법의학자의 시선을 통해 바라보는 '죽음'의 다양한
사례와 경험들을 소개하며, 모호하고 두렵기만
했던 죽음에 대한 새로운 인식을 제시하다

왜 칸트인가

철학과 김상환 교수 | 18,000원

"인류 정신사를 완전히 뒤바꾼
코페르니쿠스적 전회"

칸트의 위대한 업적을 통해 인간에게 생각한다는
의미와 시대의 고민을 다루는 철학의 의미를
세밀하게 되짚어보는 대중교양서

세상을 읽는 새로운 언어,
빅데이터

산업공학과 조성준 교수 | 17,000원

"미래를 혁신하는
빅데이터의 모든 것"

모두에게 영향력을 끼치는 '데이터'의 힘
일상의 모든 것이 데이터가 되는 세상에서
우리는 빅데이터를 어떻게 바라봐야 할까?

인생명강

내 인생에 지혜를 더하는 시간

* 인생명강 시리즈는 계속 출간됩니다.

즐거운 시간을 보낼 수 있을 것이고, 그렇지 않으면 아예 참석하지 않는 방법을 선택해 부정적 정서 경험을 차단할 수 있다.

세 번째는 주의 배치 전략이다. 첫 번째와 두 번째 전략이 실패해 모임에 참석할 수밖에 없게 되었다면, 어떻게든 내가 싫어하는 그 사람과 모임 중에 얼굴을 마주치지 않는 것이다. 앉는 자리도 멀찍이 거리를 두고, 다른 사람하고만 이야기를 하는 식으로 그 사람과의 대면을 피하면 내가 부정적인 정서를 경험할 가능성과 그 강도를 최소화할 수 있다. 흔히 시도할 수 있고, 이를 통해 겉으로는 적어도 평온을 유지할 수 있는 방법이다.

네 번째는 상황에 대한 인지적 재평가 전략이다. 예를 들어 '저 사람이 그렇게 싫어? 저 사람 알고 보면 별거 아니야. 내가 싫어할 만큼 그렇게 신경 쓸 사람도 아니고, 중요한 사람도 아니야. 저 사람은 나한테 아무 의미가 없어. 앞으로도 쭉 그렇게 지내는 거야'라고 생각하는 것이다. 그 사람과의 관계를 이전까지와 전혀 다르게 해석하는 전략이다. 그렇게 평소와 다르게 생각하고 실제로 모임에 참석하면 설령 그와 마주치더라도 내가 느끼는 스트레스가 상대적으로 덜할 수 있다. 많은 사람들이 자신의 정서를 조절하기 위해 대체로 이 방법도 사용한다. 다르게 생각하는 방식을 통해 자신이 경험할 정서적 불편함을 상대적으로 줄이는 방법이라고 볼 수 있다.

반응 초점 정서 조절

두 번째는 반응 초점response-focused 정서 조절 방식이다. 특정한 일로 정서 경험이 발생한 후 해당 정서의 표현적, 생리적, 심리적 반응을 수정하여 정서를 조절하는 방식이다. 다음의 세 가지 조절 전략이 여기에 해당한다.

첫째는 표현 행동 조절regulation of expressive behavior 전략이다. 예를 들어 몹시 슬픈 상황인데 일부러 기쁜 척 웃는 표정을 짓는 것이다. 또 엄청나게 분노를 느끼는 상황인데 그대로 분노를 표출하면 사람들이 나를 부정적으로 평가할 수 있으니 애써 화를 억누르며 무표정하게 있거나 그 상황을 받아들이는 듯한 표정을 짓는다. 분노의 감정을 가라앉히고 괜찮은 듯한 표정을 짓는 것이 무척 힘들지만 그렇게 하면 실제 나의 분노가 누그러질 수 있다. 그렇다고 해서 이런 전략이 궁극적인 문제 해결 방법인 것은 결코 아니다. 다만 이런 방법을 통해 일시적으로나마 그 상황에서의 불편한 나의 정서를 조절할 수 있다는 의미다.

둘째는 생리적 각성 조절regulation of physiological arousal 전략이다. 발표를 앞둔 경우를 예로 들어보자. 몹시 긴장해 땀이 나고 불안한 감정이 느껴지는 경우는 매우 흔하다. 웬만하면 어떻게든 참고 발표해보겠지만 도저히 견딜 수 없을 정도로 불안감이 진정되지 않으면 진정제를 복용하기도 한다. 약물 복용을 통해 가슴 떨림과 같은 생리적인 반응을 조절하고, 가슴 떨림이 진정됨에 따라 심리적 불안감을 낮출 수 있다는 것이다. 약물을 통한 각성 조절 전략이라고 할 수 있다.

셋째는 경험 조절regulation of experiences 전략이다. 경험 조절은 일이 발생한 뒤 그 경험을 어떻게 생각하느냐와 관련이 있다. 반추rumination, 정서적 사고 억제emotional thought suppression, 정서의 사회적 공유social sharing of emotions가 여기에 해당한다. 반추는 말 그대로 어떤 일을 되풀이해 음미하고 생각하는 것이다. 정서적 사고 억제는 정서적인 생각들을 계속해서 억누르는 것이며, 사회적 공유는 나의 기쁨, 슬픔, 분노 등의 정서를 다른 사람들과 함께 나누는 것이다. 이 각각의 방법들이 긍정적인지, 그렇지 않은지에 대해서는 생각해 볼 필요가 있다.

연인과 헤어진 뒤 상실감과 슬픔에 빠져 있는 경우를 예로 들어보자. 반추는 떠나간 연인과 그 사람을 잃은 자신의 처지에 대해 생각하고, 생각하고, 또 생각하는 것이다. 그 효과는 어떨까? 자신의 부정적인 정서 상태, 상실감, 슬픔을 더 강화시킬 가능성이 높다. 반복해 계속 생각하고 또 생각하면 그 사건으로 인한 정서 지각이 무뎌질 것이라고 생각할 수 있지만, 현실은 더 민감하게 그 사건을 받아들일 가능성이 높다는 것이다.

정서적 사고 억제는 떠나간 연인이 생각나지 않도록 다른 일에 몰두하거나 새로운 취미 활동을 시작한다거나 하는 것이다. 일시적으로라도 효과가 있기 때문에 실제로 많은 사람들이 사용하는 방법이다. 사회적 공유는 친구를 만나 차나 술을 마시면서 연인과 헤어진 자신의 슬픔과 상실감을 이야기하며 달래는 방법이다. 정서적 사고 억제와 사회적 공유가 정서 조절에 효과적일 수 있는지에 대해 같이 생각해보자.

정서 억제는 효과적일까

정서를 조절하는 방법 중 하나가 자신의 정서를 표현하는 행동을 억제하는 것인데, 여러 연구가 정서의 표현 억제는 일시적으로 효과적일 수 있지만 지속적인 효과를 얻기는 어렵다고 말한다. 1997년 제임스 그로스^{James J. Gross}와 로버트 레벤슨^{Robert W. Levenson}은 정서의 표현 억제가 효과적인지 연구했다. 연구자들은 웃긴 영상과 슬픈 영상을 보게 하면서 억제 집단에게는 감정 표현을 억제하도록 했고, 비억제 집단은 느껴지는 그대로 영상을 보도록 했다. 그리고 비교 집단이 있었는데, 이 집단은 중립적인 영상을 보도록 했다. 연구 결과 기쁨의 경우 표현을 억제하도록 요구받은 집단은 그렇지 않은 집단보다 기쁨을 덜 경험했다고 한다. 하지만 슬픔의 경우에는 두 집단 간에 차이가 나타나지 않았다. 그리고 중립 집단과 비교했을 때, 슬픔 또는 기쁨의 표현을 억제하도록 요청받은 집단은 중립 집단보다 해당 정서를 더 많이 경험했다고 한다. 이 연구 결과를 어떻게 해석해야 할까?

슬픈 정서의 표현을 억제한다고 해서, 즉 흐르는 눈물을 억제한다고 해서 슬픔이 작아질까? 절대 그렇지 않다는 것이다. 기쁨의 경우는 어떨까? 기쁨의 표현을 억제하는 경우 어느 정도 그 강도가 작아질 수는 있지만, 기쁨을 느끼지 못하는 것은 아니다. 그렇기 때문에 억제를 일시적인 전략으로 사용할 수는 있지만 이를 지속적으로 사용할 경우 그 효과는 점차 작아진다고 봐야 한다. 금연을 결심한 사람이 담배를 피우고 싶은 생각이 들지 않도록 하기 위해, 다이어트 중인 사람이 음식을 먹고 싶은 생각이 들지 않도록 하기 위해 다른 곳에 신경을 집중하는 모습을 우리는 흔히 본다. 흡연이나 음식에 대한 생각을 하지 않으려는 방법이다. 일시적인 효과는 있지만 이 방법으로 지속적인 성공을 보장하기는 어렵다.

정서의 경우에도 특정 사건으로 유발된 정서의 조절을 위해 그 사건에 대한 생각을 억제하는 방법을 자주 사용한다. 이런 정서 유발 사건에 대한 사고 억제가 효과적일까? 이와 관련해 미국의 사회심리학자 대니엘 웨그너Daniel Wegner 는 정서에 대한 사고 억제는 결국 반등 효과를 가져온다고 말한다. 나는 이것을 우리가 길거리에서 흔히 하던 오락 중 하나인 두더지 게임에 비유해 '두더지 효과'라고 이야기하곤 한다.

다니엘 웨그너는 이런 현상이 발생하는 이유를 정신통제모델Model of mental control을 통해 설명한다. 우리가 어떤 일을 억제하거나 통제할 때 우리 머릿속에서는 두 시스템이 활동한다. 첫 번째 시스템 1은 자동적 감시 과정automatic monitoring process을 다루는 시스템이다. 이 시스템 1은 내가 지금 억제하려는 사고가 발생하고 있는지 아닌지를 지속적으로 감시하는 사고 체계다. 이 시스템 1에 의해 억제하려는 정서 사건이 수면으로 떠오르는지, 그렇지 않은지를 상시 감시하게 된다.

억제하려는 정서 사건이 감지되면 이때 통제된 조작 과정controlled operating process이라고 불리는 시스템 2가 작동한다. 이 시스템 2는 쉽게 말해 인지적 자원을 사용해 의도적으로 감지된 생각을 다시 억제하는 역할을 한다. 두더지 게임에서 망치의 역할을 한다고 볼 수 있다. 대니엘 웨그너가 설명한 정서 유발 사건에 대한 사고 억제 과정은 앞서 말한 것처럼 두더지 게임에 비유할 수 있다. 시스템 1이 두더지가 튀어나온 것을 확인하게 되면, 시스템 2가 그 방해물을 망치로 퇴치하는 것이다.

이렇게 내가 억제하려는 부정적인 정서들이 계속해서

튀어나왔다 들어갔다를 반복하면 어떤 현상이 발생하게 될까? 오히려 그 일에 대한 기억을 강화시키기 때문에 나중에 훨씬 더 오랫동안 그 부정적인 정서 경험을 갖게 되는 문제가 발생한다.

그뿐만 아니라 계속해서 두더지가 튀어나오면 시스템 2는 번번이 튀어나오는 두더지를 퇴치하는 일로 지치게 된다. 그러면 지친 시스템 2가 튀어나온 두더지를 그냥 놓아두는 상황이 발생하고, 그렇게 해서 튀어나온 두더지 수가 늘어나기 시작하면 그 사람은 오히려 이전보다 강하게 해당 정서를 경험한다는 것이다. 그렇기 때문에 정서 사건에 대한 사고 억제는 그렇게 효과적이지 못하고, 오히려 지친 심리 상황에서는 더 큰 정서적 상처를 반복적으로 경험하는 문제가 있다. 억제는 절대 정서 문제를 해결하는 좋은 방법이 될 수 없다.

부정 정서에서 벗어나
삶을 긍정하는 법

정서의 사회적 공유

정신분석학의 전통적인 입장은, 표출되지 못하고 억제된 정서가 누적되면 언젠가는 훨씬 더 크게 폭발해 큰 사고로 이어질 수 있다는 것이다. 그렇기 때문에 자기가 경험하는 정서를 그때그때 노출시켜 다른 사람과 공유하는 것이 긍정적인 방법일 수 있다. 일반적으로 볼 때 나의 감정을 드러내고 나의 현재 심리 상황을 다른 사람과 공유하는 것은 정신건강과 사회적 관계에 도움이 되는 것으로 알려져 있다.

하지만 여기서 한 가지 생각해볼 것이 있다. 나의 감정을 드러내고 정서를 공유하는 것이 왜 긍정적일까? 단순히 자신이 경험한 정서를 표현하고 공유하기 때문일까? 그런 측면이라면 오히려 부정적인 효과가 나타날 가능성이 있다. 앞에서 정신통제모델을 이야기하면서 정서를 억제하면 억제할수록 오히려 나중에는 기억 강화 결과를 가져온다고 설명했던 것과 같은 맥락으로 이해하면 된다. 부정적인 정서 경험을 타인과 공유하는 일이 반복되면 오히려 고통스러운 기억만 강화시키는 결과를 불러올 수 있다는 것이다.

그렇다면 정서의 사회적 공유, 특히 부정적인 정서의 공유가 긍정적인 효과를 가져올 수 있다는 것은 무엇을 근거로 할까? 나의 정서 경험을 그저 다른 사람과 공유하는 것을 넘어서는 무언가가 있어야만 사회적 공유가 비로소 긍정적인 기능을 하게 되는데, 어떻게 해야 그것이 가능할까?

첫째, 단순히 내가 이야기하는 것만으로 끝나서는 안 되며, 1차적으로 다른 사람으로부터 지지와 위로, 유대감 등의 긍정적인 심리 욕구가 충족되는 경험을 가져야 한다. 일상 속에서 우리는 누군가와 이야기를 나누고 싶다고 해서 아무 사람과 대화를 하지는 않는다. 우리가 선택하는 대화 상대는 나의 이야기에 귀를 기울여주고 나를 위로해주고 나에게 힘이 되어주는 사람이다. 나의 정서를 이야기함으로써 나를 지지해주는 사람들이 옆에 있다는 것을 다시 확인하고, 이를 통해 부정적인 정서 경험을 극복할 수 있게 되는 것이다.

이것은 곧 에이브러햄 매슬로Abraham Harold Maslow의 욕구위계이론에 비추어 이야기할 수 있다. 에이브러햄 매슬로는 인간의 욕구는 생리적 욕구와 안전의 욕구, 사회적 소속과 인정의 욕구, 자기존중감의 욕구, 자아실현의 욕구로 위계화되어 있다고 한다. 인간은 하위 욕구의 충족을 통해 상위 욕구를 충족시키려는 노력을 하게 된다는 것이 그의 주장이다.

인간에게는 내가 타인으로부터 지지와 위로를 받고 있으며, 또한 다른 사람과 함께 연결되어 있다는 것을 확인하고 싶은 강한 욕구가 존재한다. 사회적 인정과 소속 욕구가 충족되어야만 이후 자기존중감이, 나아가 자신이 이루고자 하는 일들을 중심으로 한 자아실현의 노력이 가능해진다는 것이다. 위로와 지지를 통해 정서적으로 상처 난 자신의 마음을 변화시키려는 심리적 힘을 갖게 된다고 할 수 있다.

둘째, 지지와 위로를 받는 것에서 한 단계 더 나아가 이전까지 내가 인식하고 있던 부정적인 경험을 사회적 공유를 통해 재해석할 수 있어야 한다. 즉 인지적 재평가를 통한 정서 경험의 재해석이 이루어져야 한다. 예를 들어 연인과 헤어졌을 때 그 상황을 긍정적으로 재해석하는 경험을 할 수 있어야만 헤어짐으로부터 받은 상실감을 극복할 수 있다. 나의 힘들고 슬픈 감정을 사람들에게 이야기하고 그들로부터 위로와 지지를 받았다고 해보자. 그런 다음 '그 사람과 계속 만났다면 내 삶이 훨씬 더 힘들어졌을지도 몰라. 좋은 사람이지만 나와는 맞지 않아. 다툼이 잦아지면 서로 불행해질 수도 있어. 서로를 위해 헤어지길 잘한 거야'라는 생각의 변화를 경험할 수 있어야 한다. 이런 인지적 재해석의 과정을 통해 슬픔과 상처라는 부정적인 경험들이 완화될 수 있다.

내 마음, 누구와 나눠야 할까

그러면 도대체 누구와 나의 정서를 공유해야 할까? 내가 나의 정서 경험을 털어놓았을 때 나의 이야기를 '인정'해주는 사람이 있는가 하면, 내 생각에 '도전'하는 사람이 있다. 연구 결과를 보면 각각의 사람들에게 똑같이 내 생각을 이야기했더라도 나의 정서 경험의 긍정성은 서로 다르게 나타난다고 한다. 유럽과 미국의 여대생을 대상으로 한 연구 결과[4] 충격적인 사건 영상을 보고 난 후 이야기할 상대가 없었을 때보다 자신의 입장을 지지해주는 사람과 이야기했을 때 부정적인 정서를 완화하는 데 도움이 되었다고 한다. 나아가 상대가 연구 참여자의 생각과 정서 경험에 침착하게 대응하면서 대안적 관점에서 다시 생각해보도록 했을 때 더욱 긍정적인 결과가 나타났다. '그래, 잘했어. 네가 무조건 옳아'라고 이야기해주는 사람보다, 내가 미처 생각하지 못했던 것들을 생각할 수 있는 여지를 만들어주는 사람과 이야기할 때 정서의 사회적 공유가 훨씬 더 효과적일 수 있다는 것이다.

내 마음을 나누는 또 다른 방법은 요즘 많이 언급되고 있는 글쓰기다. 말 그대로 나의 정서 상태를 나 자신과 대화하는 것처럼 글로 표현하는 방법이다. 지금까지의 연구들은 글쓰기를 대체로 효과적인 정서 조절 방법이라고 보고한다. 하지만 이때도 그냥 쓰기만 하는 것은 도움이 되지 않는다. 글쓰기를 통해 제3자의 관점에서 나의 정서 경험을 재평가할 수 있어야만 긍정적인 효과를 불러올 수 있다. 자신이 쓴 글을 들여다보면서 스스로를 객관화하고, 그런 순간들이 자신의 정서 경험을 인지적으로 재평가하는 기회를 가져다주기 때문이다.

왜 우리는 지금껏 인간의 감정, 정서를 부정적으로 보아왔을까? 많은 사람들이 순간적인 충동에 의해 감정을 억제하지 못하고 행동하는 일들이 많다 보니 항상 감정을 드러내지 않아야 하고, 이성적으로 억제해야 한다고 생각해왔기 때문이다.

그런데 우리가 살아가고 있는 현대사회는 어떠한가? 감정에 대한 자기 절제가 그 어느 때보다 더 중요하게 요구된다. 치열한 경쟁 사회에서 항상 일에 쫓기듯 살아가는 일상, 점점 더 심각해져가는 부익부 빈익빈, 그로 인한 사회격차가 심화되는 현대사회에서 우리는 알게 모르게 긍정적인 경험보다 부정적인 경험을 더 많이 하게 된다. 그렇다 보니 나의 감정에 대한 자기 절제가 더 절실할 수밖에 없고, 이것이 바로 우리가 살아가는 현대사회의 모습이다.

따라서 타인과 자신의 정서를 잘 알고, 또 상황에 따라 적절하게 절제하고 조절하는 능력인 정서 조절 능력이 더욱 중요해질 수밖에 없다. 그뿐만 아니라 정서 조절 능력은 스트레스로부터 나 자신을 지키는 힘이 되기도 한다. 또한 타인과의 긍정적인 관계를 유지하는 자원이며, 나아가 우리 삶의 행복을 결정하는 중요한 자기 역량이다.

삶의 행복을 결정하는 정서 조절 능력

요즘 우리 사회에서 문제가 되고 있는 사이코패스나 소시오패스처럼 반사회적 행동을 하는 사람들은 태어나면서부터 일반인과 다른 성격 특성을 갖고 있는 것이 사실이다. 하지만 선천적인 특성이 모든 것을 결정하지는 않는다. 선천적으로 부정적인 성격 특성을 갖고 있더라도 자신이 자라온 환경, 현재 활동하고 있는 상황 등에 의해 그런 충동을 억제할 수 있는 힘을 얼마든지 키울 수 있다. 인간은 주변 환경에 영향을 받을 수밖에 없기 때문이다. 반대로 선천적으로 긍정적인 성향으로 태어났더라도 주변 환경으로 인해 계속해서 부정적인 경험이 누적되면 이를 버텨낼 수 있는 사람은 거의 없다.

예를 들어 누군가 지속적으로 나를 공격한다고 해보자. 그런 환경에서 나는 나만의 낭만성, 낙관적인 생각들을 과연 유지할 수 있을까? 거의 불가능하다. 내가 아무리 긍정적인 사람이라고 해도 지속적인 괴롭힘 속에서 그것을 이겨낼 힘이 없다면 오히려 나도 모르게 충동적으로 행동할 가능성이 커진다. 따라서 선천적인 요인이 작동하더라도 후천적인 요인에 의해 우리의 생각과 심리적 경험, 행동들은 크게 영향을 받게 되므로 정서 조절 능력이 더욱 중요하다.

정서 조절을 통해 우리는 현재 스스로가 직면한 불편한 문제 상황을 단순히 모면하려고 하는 것이 아니다. 정서 조절을 통해 현재의 문제를 해결하고, 향후 지금보다 나은 삶의 경험을 만들고자 하는 것이다. 따라서 정서 조절은 현재 정서 문제의 해결을 넘어 보다 행복한 삶의 경험과 환경을 만드는 노력과 연결되어야 한다.

예를 들어 오늘 직장에서 기분 나쁜 일이 있었다고 해보자. 동료들과 함께 일을 진행해야 하는 상황에서 강하게 화를 내거나 기분이 나쁜 내색을 할 수는 없을 것이다. 지금 느끼는 부정적인 정서를 조절해 오늘 하루 원만하게 일을 마치고 귀가하고자 하는 것이 일반적인 우리네 모습이다. 하지만 현재의 정서 문제만을 모면하기 위해 정서 조절을 한다면, 그러한 노력은 지속될 수 있을까? 계속 이와 유사한 일들이 반복되는 경우 정서 조절은 어느 순간 무너질 수 있다. 그동안 쌓였던 화를 한꺼번에 쏟아내는 사건이 발생할 수 있는 것이다.

정서 조절은 현 상황에서의 부정적 경험을 일시적으로 해결하기 위한 방법을 넘어서야 한다. 현재의 정서를 긍정적으로 전환시키는 동시에 향후 유사한 일들이 반복되지 않기 위한 노력으로 연결될 필요가 있다. 이를 위해서는 긍정적으로 자신의 정서 경험을 전환시키려는 노력과 함께 문제를 발생시킨 요인을 개선하기 위한 노력 또한 하는 것이 필요하다. 현재의 부정적인 정서 상태를 긍정적인 정서 상태로 전환시키고자 하는 이유는 긍정적인 정서를 기반으로 직면한 문제를 해결하고자 함이다. 실제 문제 해결 노력을 통해 우리는 부정적인 정서 경험의 반복을 끊을 수 있다. 이것이 삶의 행복을 만들어가는 시작점이다.

나의 정서 지능을 어떻게 확인할 수 있
을까?

본문에서 언급한 바와 같이, 정서 지능을 구성하
는 요인은 정서의 자기인식, 자기관리, 감정이입,
정서 표현의 기술이다.

첫째, 나는 내 감정을 얼마나 다양하고 민감하
게 인식하고 있는가를 확인해야 한다. 팀을 이루
어 중요한 일을 수행하는데 한 사람이 나름 노력
은 하지만 자신의 역할을 제대로 하지 못하는 상
황을 가정해보자. 이때 우리는 다양한 정서를 경

험한다. 분노, 좌절감뿐만 아니라 안타까움, 불쌍함 등의 양가적 감정을 느낀다. 그런데 우리는 같은 상황에서 이런 정서들을 충분히, 그리고 민감하게 느끼고 있을까? 정서적 둔감성emotional indifference이 있는 경우에는 실제 정서 인식에 어려움을 보인다고 한다.

둘째, 정서의 자기관리다. 이 상황에서 분노를 표출하는 것이 맞는지, 아니면 안타까운 마음을 더 중요하게 받아들여야 하는지를 결정하는 일종의 정서 조절이다. 평소에 나는 부정 정서를 잘 조절하는 편인지, 아니면 있는 그대로 표출하는지 생각해보자. 이 과정에서 타인의 감정에 대한 이입도 중요하다. 열심히 하려고 하지만 마음대로 되지 않는 상황에 대한 동료의 마음을 읽을 수 있느냐, 그렇지 않느냐 하는 것은 정서 지능의 중요한 요소다. 나는 타인의 감정을 잘 읽어내는 사람인가?

셋째, 긍정적인 정서를 만들고 이를 기반으로 문제 해결을 위한 행동을 실제로 취하는 것도 중요한 정서 지능 요소 중 하나다. 동료에 대한 안타까움의 정서를 기반으로 대화를 통해 협력하며 문제를 하나씩 해결해나가는 모습을 보여야 한다. 그렇지 않다면 나의 정서 지능은 마음속에만 존재하는 반쪽짜리로 남는다는 것을 명심하자.

일상 속에서 어떻게 정서 지능을 향상시킬 수 있을까?

먼저, 나의 정서 수용 능력을 키울 필요가 있다. 보통 자신의 정서를 잘 인지하지 못하는 정서 무감각은 습관적인 정서 억압과 관련이 있다. 주로 부정적 사건으로 마음에 상처를 입은 경험이 있거나 자신의 정서를 느낀 대로 행동으로 표현했다가 난감한 일을 경험한 적이 많을수록 그렇다. 이런 경우 자신의 정서를 억압하지 말고 있는 그대로 느끼고 인정하고자 하는 변화가 필요하다. 물론 내가 지금 경험하는 정서에 대해 왜 그런 정서를 느끼는지 그 상황을 돌이켜보고, 이를 긍정적으로 전환할 수 있는 정서 조절도 함께할 수 있어야 한다.

다른 방법은 정서 조절과 표현 능력을 키우는 것이다. 이를 위해서는 제3자의 입장에서 내 정서를 바라보려는 노력과 정서 표현 행동을 하기 전에 호흡하고 5초간 기다리는 방법을 적용하면 좋다. 내 정서를 나의 입장에서만 보게 되면 정서를 조절하기가 쉽지 않다. 정서를 표현하는 데 있어서 충동적으로 행동했다가 나중에 후회한 경험이 누구에게나 있을 것이다. 한 박자 쉬고 자신의 정서를 표현하면, 비록 부정 정서의 표현이라도 침착하게 자신의 마음을 전달할 수 있고, 상대방도 내 마음을 잘 이해할 수 있는 여지가 생긴다. 그래야만 내 정서 표현에 대한 또 다른 후회가 생기지 않는다는 것을 이해하고 실천하면 좋겠다.

3부

설명되지 않는

감정의 기원을 찾아서

혼자서 무엇을 할 때 느끼는 정서와 여럿이 함께할 때 공유하는 정서는 그의 강도가 전혀 다르다. 정서는 개인을 넘어 집단이 함께 공유하는 특성을 갖고 있으며 이것이 곧 정서의 사회적 공유다. 우리는 그런 공유 정서를 통해 집단에 대한 정체감과 소속감을 갖는다. 사회적 존재인 인간이 공동체 생활을 제대로 하기 위해 타인과 나의 정서를 공유하는 능력을 진화시킨 결과물이라고 할 수 있다. 공동의 목표를 갖고 일할 때 집단 내에 공유 정서가 존재하느냐의 여부는 사회적 생존을 위한 필수 요소이기 때문이다.

감정에는
퍼져 나가는 힘이 있다

개인을 넘어 함께 공유하는 정서

인간의 정서 가운데 우리가 관심 있게 생각해야 할 중요한 하나가 바로 집단 내에서 개인이 느끼는 정서다. 개인이 지니는 정서에는 나 자신을 바라볼 때 생기는 정서와 집단 내에서 타인과 나를 비교할 때 생기는 정서, 또는 집단 구성원으로서 갖는 정서가 있다. 3부에서는 집단 내에서 개인이 갖는 정서에 대해 살펴보고, 집단 간에 발생하는 편견, 차별이 정서와 어떤 관련성이 있는지 구체적으로 살펴보고자 한다.

2002년에 있었던 대한민국의 월드컵 4강 신화를 여전히 선명하게 기억하고 있는 사람들이 많을 텐데, 많은 사람들에게 아주 특별한 기억으로 남아 있다. 대한민국의 축구 국가대표팀이 월드컵에서 그 당시 누구도 예상하지 못한 성과를 이루어낸 것이다. 2002년 월드컵을 통해 우리나라의 역동적인 열정과 에너지를 몸으로 느낄 수 있었는데, 아마도 전 국민이 나와 같은 생각이었을 것이다.

그 당시 경기가 열릴 때마다 우리 국민은 서울역이나 시청 앞 광장, 강남의 테헤란로 등 전국의 거리 곳곳에 모여 '붉은 악마'라는 이름의 열두 번째 선수가 되어 한마음으로 선수들을 응원했다. 나 역시 집에서 혼자 경기를 보다가 도저히 안 되겠다 싶어 거리로 나가 응원하곤 했던 기억이 있다. 집에서 혼자 경기를 볼 때와 거리에서 다른 사람들과 함께 응원할 때의 기쁨, 희열, 열정 등이 완전히 다르다는 것을 몸소 느꼈다.

우리가 혼자서 무엇을 할 때 느끼는 정서와 여럿이 함께할 때 공유하는 정서는 그 강도가 전혀 다르다. 그리고 그런 공유 정서를 통해 집단에 정체감과 소속감을 갖게 된다. 정서에는 이렇게 개인을 넘어 함께 공유하는 특성이 있는데, 이것을 정서의 사회적 공유라고 한다. 사회적 존재인 인간이 공동체 생활을 제대로 하기 위해 타인과 나의 정서를 공유하는 능력을 진화시킨 결과물이라고 할 수 있다.

공동체 생활에서 나와 다른 사람의 마음이 서로 맞지 않는다면 어떻게 될까? 가령 일터에서 그런 경우가 생긴다면 직장 생활을 함께하기가 어려워질 것이다. 공동의 목표를 두고 함께 일할 때 집단 내에 공유 정서가 존재하는가의 여부는 개인의 사회적 생존뿐만 아니라 공동체의 응집성을 위해서도 매우 중요하다.

사회적으로 정서를 공유하는 현상을 바라보는 두 가지 관점이 있다. 첫 번째 관점은 집단의 구성원으로서 집단이나 다른 구성원이 경험한 것에 대해 함께 느끼는 정서이며, 이것을 집단 대표 정서emotion on behalf of a group, 또는 집단 대신 정서라고 한다. 집단은 말 그대로 형태가 존재하지 않는 것이기 때문에 그 정서를 느끼는 주체는 개인일 수밖에 없고, 그 집단을 대신 또는 대표해서 개인들이 함께 느끼는 공통의 정서라는 의미다.

예를 들어 2022년에 손흥민 선수가 영국 프리미어리그에서 아시아인 최초로 득점왕이 되었다. 그때 대한민국의 많은 사람들이 마치 자기의 일인 양 기뻐하며 손흥민 선수를 자랑스럽게 여겼을 것이다. 왜 그랬을까? 손흥민 선수도 대한민국 국민이고, 나 또한 같은 대한민국 국민 중 사람이기 때문이다. 같은 공동체의 구성원이 느끼는 정서를 우리 각자가 집단을 대표해 함께 느낀 것이다.

두 번째 관점은 집단 내에서 공유하게 되는 정서를 말한다. 앞에서도 잠시 언급했던 것처럼 혼자 있을 때와 집단 내에 있을 때 우리가 경험하는 정서는 다르다. 집단 내에 있음으로 인해 정서를 공유하는 현상이 발생하며, 이것을 우리는 집단 정서group emotion라고 한다.

예를 들어 손흥민 선수가 득점왕이 되는 순간의 경기를 집에서 혼자 볼 때와 동네 맥주집에서 친구들과 함께 볼 때 성취감, 환희, 자랑스러움을 느끼는 정도는 다를 수밖에 없다. 과연 어느 쪽이 더 강한 정서를 느낄까? 당연히 맥주집에서 친구들과 함께 경기를 볼 때다. 집단 내에 있기에 환희와 기쁨이 훨씬 더 강하게 느껴지는 것이다. 그 이유는 무엇일까? 바로 정서를 유발하는 사건을 동시에 같은 공간에서 경험함으로써 정서의 유대감이 발생하고, 이것이 개인의 정서 경험까지 강화하는 결과를 가져오기 때문이다.

공동체 구성원의 정서 공유

먼저 집단 대표 정서에 대해 자세히 살펴보도록 하자. 집단 대표 정서는 내가 어떤 집단의 구성원이라고 했을 때 이 집단의 입장에서 경험하게 되는 정서, 또는 집단을 대신해 경험하는 정서라고 할 수 있다. 즉 집단의 공동 구성원으로서 다른 사람들이 느끼는 정서를 함께 공유하는 현상을 말한다. 앞에서 2002년 월드컵 4강 진출이나 손흥민 선수가 영국 프리미어리그 득점왕이 된 일을 예로 들었듯이, 대한민국 국민으로서 공동으로 느끼는 정서가 여기에 해당한다. 이 사례에서 우리가 공유하는 가장 두드러진 집단 대표 정서는 아마도 자부심일 것이다.

대한민국은 한국전쟁 이후 70년이라는 길지 않은 시간 동안 엄청난 변화와 발전을 이루어왔다. 특히 경제 발전은 우리나라의 GDP 수준을 세계 10위로 끌어올렸다. 대한민국 국민으로서 공동으로 느끼는 또 하나의 커다란 자부심은 민주사회를 이루었다는 점이다. 우리가 오늘날 이만큼 정치적으로 안정된 사회에 살고 있는 것은 많은 사람들의 피땀 어린 노력과 희생, 투쟁 덕분이다. 이렇게 대한민국은 길지 않은 시간에 눈부신 경제 발전과 민주화라는 엄청난 가치를 만들어냈기에, 우리 모두가 대한민국 국민으로서 이런 사회적 성취에 자부심을 느끼는 것은 당연한 일이다. 우리나라의 구성원으로서 국민들이 이런 자부심을 공유하고 있다는 것, 이것이 바로 집단 대표 정서의 예라고 할 수 있다.

집단 대표 정서와 관련해 많이 거론되는 이야기 중 하나는 제2차 세계대전 시기 독일의 경우다. 제2차 세계대전을 일으킨 독일인들은 그 과정에서 유태인 학살 등 반인륜적 범죄를 저질렀다. 따라서 독일 국민들이 공유하고 있는 정서 중 하나가 바로 유태인 학살 등 전쟁범죄에 대한 독일인으로서의 죄책감이다. 놀라운 것은 전쟁 이후에 태어난 독일인들, 즉 자신들이 전쟁을 일으키지도 않았고 유태인을 학살하는 반인륜적 범죄를 저지르지도 않은 독일인들이 같은 맥락의 죄책감을 느낀다는 것이다. 바로 집단 대표 정서 때문이다.

이와 함께 거론되는 것이 바로 일본인들의 집단 대표 정서다. 독일과 같은 전범 국가 국민으로서 일본인들이 지닌 공통의 정서는 과연 무엇일까? 가장 확연한 차이는 일본인들은 독일인들처럼 죄책감을 그렇게 크게 느끼지는 않는 것이다. 오히려 어떤 면에서는 자신들도 피해자라고 생각하는 '분노'의 감정이 공통의 정서로 드러나는 경우가 많다. 히로시마와 나가사키에 두 번에 걸쳐 원자폭탄이 투하되면서 결국 일본은 항복을 선언했다. 이 사건을 빌미로 극우 진영에 있는 일본인들은 자신들이 저지른 일에 대한 반성보다는 오히려 스스로를 피해자라고 주장하기도 한다. 이런 피해의식을 바탕으로 분노가 자리 잡은 것으로 보이는데, 집단 차원에서 이루어진 인지적 재평가, 아니 왜곡이 아닌가 하는 생각을 떨칠 수가 없다.

국가 차원이 아니더라도 일상의 우리가 소속된 작은 집단 내에서도 구성원들이 함께 느끼는 집단 대표 정서가 있다. 대표적인 경우가 학교라는 집단으로 우리는 학교를 통해 소속감을 느끼고, 어떤 경우에는 자부심을 느끼기도 한다. 특히 미국의 경우에는 대학이라는 집단에 대한 자부심이 매우 크고, 그것이 일종의 대학 문화이기도 하다. 그중에서도 대학 운동팀을 중심으로 형성되는 집단 대표 정서를 빼놓을 수가 없다.

실제로 자신이 다니는 대학 운동팀이 뛰어난 성적을 내면 많은 학생들이 학교 상징이 새겨진 옷을 입고 다니는데,

이는 재학생들뿐만 아니라 졸업생들도 마찬가지다. 자신이 다니는 학교에 대한 소속감, 자부심, 애정 등의 정서를 공유하고 이를 행동으로 표현하는 현상이라고 볼 수 있다. 또 그 대학 운동팀이 지속적으로 매우 좋은 성적을 내거나 전국대회에서 우승을 하면, 그것이 예비 입학생인 고등학생들과 학부모를 상대로 하는 학교 홍보에도 매우 큰 영향을 미친다. 운동팀의 좋은 성적이 학교 지원율을 높이고, 우수한 신입생 확보도 가능하게 하는 것이다. 이렇다 보니 대학 총장의 연봉보다 운동팀 감독의 연봉이 높은 경우가 흔하게 생기기도 한다.

한편 자신이 어떤 집단에 소속되어 있느냐에 따라 동일한 현상에 대한 반응이 각기 다르게 나타나기도 한다. 이와 관련한 한 흥미로운 연구를 잠시 살펴보자. 연구자는 911테러 직후 유럽 학생들을 상대로 설문조사를 실시했다. 이때 한 집단에는 연구 목적을 '911테러에 대한 유럽인들과 미국인들 사이의 정서 반응을 비교하는 것'이라고 밝힌 뒤 911테러 사건이 얼마나 끔찍하다고 생각하는지를 물었다. 그러자 연구에 참여한 유럽 학생들은 상대적으로 이 사건과 관련해 공포나 끔찍함 등을 그렇게 높게 평가하지 않았다고 한다. 유럽인의 일이 아닌, 미국인의 일이라고 생각했기 때문이다.

반면에 다른 집단에는 연구 목적을 '911테러에 대한 서양인과 아랍인들 사이의 정서 반응을 비교하는 것'이라고 밝힌 뒤 이 사건을 얼마나 끔찍하게 생각하는지를 물었다. 그러자 유럽 학생들은 훨씬 더 공포스럽고 끔찍한 사건이라는 반응을 보였다고 한다. 이번에는 서양 대 아랍의 대립 개념으로 이 사건을 보도록 했기에 유럽 학생들은 자신이 서양인 집단의 구성원이라고 생각한 것이다. 그럼으로써 911테러의 당사자 입장이 되어 더 강한 정서 반응을 보인 것으로 해석할 수 있다.

집단행동을 유발하는 공동의 정서

집단이 공유하는 정서, 즉 집단 대표 정서는 집단행동을 유발한다. 집단행동은 우리나라의 외환위기 당시 금 모으기 운동이 일어났던 것처럼 때로는 긍정적이고 바람직한 결과로 이어지기도 하지만, 때로는 부정적인 행동과 결과로 이어지기도 한다. 911테러 등 각종 테러 활동에 목숨을 걸고 참여하는 사람들의 집단행동이 그런 경우다. 무고한 민

간인을 대상으로 하는 테러에 대해서는 누구를 막론하고 경계심을 가질 필요가 있다.

911테러를 자행한 국제 테러 단체인 알카에다 같은 집단의 구성원들이 기본적으로 갖고 있는 정서는 무엇일까? 그들이 공유하고 있는 정서는 수치심과 좌절감, 그리고 알라의 자손이자 아랍인으로서의 자부심 같은 것이다. 그렇기 때문에 그들은 민족을 위한 복수, 알라를 위한 세계 건설을 위해 스스로 자신의 목숨을 바치는 선택을 주저 없이 하는 것이다.

물론 우리의 입장에서는 '그런 생각과 선택이 과연 옳은 것인가?' 하는 비판적인 생각을 하게 되지만 그들의 입장에서는 그런 행위가 자기가 속해 있는 집단의 명예를 회복하는 것이며, 새로운 주권을 회복하는 데 매우 영예로운 행동일 수 있다. 이 단체들의 테러 행동을 강화시키는 그런 행위의 기저에 깔려 있는 것이 바로 수치심과 좌절감, 그리고 자부심이라는 집단 대표 정서다.

집단 대표 정서가 유발하는 집단행동에 대해 이야기할 때 빼놓을 수 없는 또 하나의 사례는 제국주의의 집단 광기로 일컬어지는 히틀러와 제2차 세계대전이다. 히틀러는 제

1차 세계대전에서 패한 독일인들의 무너진 자존심을 회복시키기 위해 계획적으로, 그리고 지속적으로 국민들을 선동했다. 제1차 세계대전에서 패한 독일은 패전국으로서 프랑스 파리의 베르사유 궁전에서 그 유명한 베르사유 조약을 맺게 된다.

이 조약의 주요 내용은 독일은 프랑스에 알자스 지방 일부를 내어주고 폴란드에게도 일부 영토를 내어주어야 하며, 20년간 금으로 배상금을 지불해야 한다는 것이었다. 독일인들에게 이 조약은 그들의 자존심을 짓밟는 씻을 수 없는 치욕이었다. 특히 독일은 더 이상 공군을 유지해서는 안 된다는 군사적 무력화를 담은 조약 내용은 더더욱 당시 독일인들을 분노하게 했다.

히틀러는 독일인들의 자존심을 자극하며 끊임없이 국민을 선동했다. 게르만족의 민족적 우수성을 부르짖으며 독일인들을 자부심, 독일인들의 주권, 독일인들의 뛰어난 능력을 회복해야 한다고 주장했다. 집단 내에 깔려 있는 분노를 기반으로 일종의 새로운 게르만족의 우수성을 회복하기 위한 시도를 한 것이 바로 제2차 세계대전이다.

제2차 세계대전 초기 독일은 승기를 잡고 프랑스와 승

리의 의미를 담은 휴전 협정을 맺게 된다. 이때 히틀러는 독일인들의 무너진 자존심을 회복시키기 위해 제1차 세계 대전에서 패한 뒤 독일 대표가 타고 갔던 것과 같은 열차를 타고 프랑스 베르사유로 갔다. 그리고 보란 듯이 프랑스로 부터 굴욕적인 항복 문서를 받아낸 뒤 다시 그 열차를 타고 베를린으로 돌아왔다고 한다. 히틀러가 독일인들의 집단 자존심을 기반으로 선동 정치를 얼마나 계획적으로 잘했 는지를 여실히 보여주는 대목이다.

나쁜 감정에 전염된 사회

내집단과 외집단의 관점

집단 정서를 기반으로 한 부정적인 행동과 태도 중 가장 많이 언급되는 것이 편견과 차별이다. 편견과 차별은 잘못된 생각에서 비롯되기도 하지만, 이런 잘못된 생각을 강화하고 행동으로 연결시키는 과정에 정서의 힘이 숨어 있다.

보통 편견은 정서를 기반으로 내가 속한 내집단이 내가 속하지 않은 외집단을 대상으로 부정적인 태도를 취하는 것을 말한다. 일반적으로 우리가 외집단에 편견을 갖고 있을 때 그 기반이 되는 정서는 무엇일까? 연민이나 부러움일까? 아니다. 보통은 불안이나 혐오, 분노나 공포 등의 정서가 기반을 이룬다. 이런 정서들이 편견을 강화시키는 기능을 수행하기 때문에 편견을 이해할 때 정서 또한 같이 이해할 필요가 있다. 외집단에 부정적인 정서를 갖고 있으면 이런 정서가 곧 외집단에 대한 잘못된 생각과 행동을 유지하고 강화하는 결과를 낳는다.

우리는 보통 외집단을 전반적으로 이해하고 균형 있게 바라보기보다는 내가 갖고 있는 정서와 일치하는 부정적인 측면만을 보려는 심리적 경향성을 갖고 있다. 이주노동자를 대상으로 우리가 갖는 편견은 이주노동자들에게 갖고 있는 부정 정서인 두려움 등에 의해 강화된다. 이때 이들의 성실함은 나의 정서적 관심 밖에 있기에 편견을 버리고 긍정적인 생각을 갖기가 어려워지는 것이다. 그렇다 보니 편견이나 차별이 쉽게 해결되지 않고 지속적으로 강화되는 결과를 불러온다.

사회경제적으로 가정환경이 좋지 않은 학생들에 대한 우리의 편견을 예로 들어보자. 일부 교사들 가운데는 집안 형편이 어려운 학생들에게 편견을 갖고 대하는 경우가 있다고 한다. 그 학생들이 친구를 도와준다거나 복도에 있는 쓰레기를 치우는 등 여러 가지 긍정적인 행동을 하는데도 그런 행동은 관심 있게 보지 않는다. 깜박하고 수업 준비물을 가져오지 않은 날이나 친구와 수업 시간에 잠시 이야기를 나누는 행동에만 눈이 간다. 가난이 불성실함과 관련이 있다는 개인적 편견은 경멸이나 혐오와 같은 사회적 정서에 의해 강화되고, 자신의 정서와 일치하는 부정적인 측면의 행동에만 관심을 기울인다.

이런 과정을 통해 자기가 갖고 있는 편견이 옳다고 믿는 확증편향은 더 강화된다. 이 경우 이런 교사들은 자신은 편견이 없다고 생각하지만 사실은 그렇지 않은 경우가 많다. 일종의 터널 관점, 즉 나만의 제한된 관점으로 사람 또는 현상의 측면만 보려는 경향성으로 자신은 인지하지 못하는, 편견에 기반한 행동을 하게 되는 것이다.

몇 년 전 우리나라 정부가 아프가니스탄의 특별 기여자들을 수송기로 이송해 와 전쟁의 고통과 두려움에서 벗어나 안정적인 생활을 할 수 있도록 조치한 적이 있다. 그런데 얼마 전 지역사회에서 그 기여자들의 자녀들이 학교에 입학하자 등교를 거부하는 일이 발생하여 사회적 관심이 다시 주어지는 일이 있었다. 우리나라 사람들의 불안이라는 정서가 예상치 못한 안타까운 결과를 초래한 것이다.

이 문제가 발생하기 전에 아프가니스탄 특별 기여자들

과 지역 주민들이 함께 만나 대화를 나누고 서로를 이해할 수 있는 기회를 충분히 가졌다면 좋지 않았을까 하는 아쉬움이 남는다. 만남과 대화를 통해 서로를 이해하게 되고, 이것이 정서의 이해와 공유로 확장되면 서로를 지지하는 행동으로 연결될 수 있기 때문이다.

다행스럽게도 그 이후 특별 기여자들과 지역사회 간에 새롭게 이해의 장이 만들어져, 아프가니스탄 학생들이 모두 등교할 수 있게 되었다고 한다. 서로 모르는 상대에 대해서는 일반적으로 경계심을 갖기 마련인데, 바로 그 내면에 불안이나 적대심 같은 정서가 존재하면 경계 행동은 더 강하게 표출될 수 있다. 따라서 부정 정서를 연민이나 나눔과 같은 긍정 정서와 마음으로 전환할 수 있도록 일상적인 만남과 대화가 필요하다.

편견이 때로는 법적 문제까지 이어지는 경우도 있다. 2015년 미국 오클라호마주에서는 공공장소에서 후드티 착용을 금지하는 법안을 제정하려 했다. 공공장소에서 후드티를 착용하면 벌금을 내야 한다는 것이 주요 내용이었다. 물론 사회적 반대에 부딪혀 법이 실제로 제정되지는 않았지만 우리로서는 이런 논의가 있었다는 것 자체가 충격이다. 과연 무슨 이유에서 이런 법을 만들려고 했을까?

사회적 편견에 근거해 이런 법이 만들어지려고 했던 것이 아닐까 하는 생각이 든다. 지금이야 남녀노소 후드티를 즐겨 입지만 예전에는 자신의 신분을 가리려는 의도로 후드 쓰는 사람들이 상대적으로 지금보다 많았다. 어쩌면 이런 생각 자체가 또 다른 편견일 수 있는데, 예전에는 나쁜 짓을 일삼거나 하는 친구들이 얼굴을 가리기 위해 주로 후드티를 입던 시절이 있었다.

특히 미국 사회에서는 후드티 하면 부정적인 의미에서 범죄, 일탈행위, 그리고 흑인을 연상하는 일이 잦았다. 흑인, 후드티, 범죄라는 연결적 사고의 내면에는 어쩌면 인종차별, 즉 백인들의 우월감과 흑인들에 대한 경멸의 감정이 숨어 있지 않았나 하는 생각도 해본다.

2011년 영국에서 후드티와 관련한 사람들의 숨겨진 편견을 확인하는 흥미로운 연구가 진행된 적이 있다.[5] 실험에 참여한 사람들에게 폭력적이고 반사회적인 행동을 일삼는 후드티족에 대해 생각하도록 유도한 뒤 낯선 사람과 함께 기다리는 상황에 놓이도록 하였다. 그 결과 후드티족을 생각하도록 지시받은 집단은 낯선 사람과 거리를 두려

사회적 편견이 투영된 사물, 후드티

는 모습을 보였다고 한다. 반면 사전에 후드티족에 대해 어떤 내용도 듣지 않은 집단은 낯선 사람과 그다지 거리를 두지 않았다고 한다. 후드티를 입은 사람에 대한 편견이 마음속에 존재한다는 것을 보여주는 사례다. 후드티 착용을 금지하는 법이 오클라호마주에서 만들어질 뻔했다는 이 이야기는 현대사회가 얼마나 편견에 사로잡혀 있는지를 여실히 보여주는 하나의 사례가 아닌가 생각한다.

오늘날 후드티는 누구나 입을 수 있는 편한 옷 중 하나다. 나의 두 아들 역시 어찌나 후드티를 좋아하는지 옷이 온통 후드티뿐이다. 하지만 후드티를 즐겨 입는다고 해서 나쁜 생각을 하거나 나쁜 행동을 일삼지는 않는다. 나도 미국 출장을 갈 때 내가 재직하고 있는 대학 이름과 로고가 새겨진 후드티를 입곤 한다. 후드티는 상대적으로 저렴하면서 실용적인 옷이라 그런지 인기가 많다. 편견 때문에 굳이 입지 않아야 할 이유가 없다.

집단 정체성과 개인 정체성

개인의 정체성은 크게 두 가지 요소로 구성된다. 하나는 개인의 삶과 관련되어 있으면서 자기 이해에 기반한 개인 정체성individual identity이고, 또 하나는 개인이 어떤 집단에 소속되어 있을 때 그 소속감을 기반으로 한 집단 정체성group identity이다. 그래서 보통 개인이 갖고 있는 정체성은 개인의 정체성과 그 개인이 속해 있는 집단에 대한 정체성이 더해져 구성된다고 보아야 한다.

집단마다 공유되는 정서, 문화, 가치 등이 다르다 보니 집단 간에 정체성은 당연하게도 다르게 나타날 수밖에 없다. 또한 집단 내에서도 개인마다 특성이 달라서 집단 내 개인 정체성도 다르게 나타나는 것이다. 일반적으로 집단 간에 집단 정체성의 유사성이 적으면 갈등이 발생할 수 있고, 반대로 집단 정체성의 유사성이 많으면 협력 가능성 또한 커진다.

'나는 누구인가?'에 대한 개인의 생각을 구성하는 개인 정체성과 집단 정체성, 이 두 요소의 관계를 한번 생각해보자. 개인이 갖고 있는 집단 정체성이 개인 자신에 대한 개인 정체성보다 큰 경우, 때로는 이것이 개인의 합리성을 뛰어넘어 집단이 갖고 있는 광기에 휘말리는 결과를 초래할 수도 있다.

어떻게 보면 유태인 차별이나 학살에 열광했던 대다수

독일인들의 행동이 이런 결과로 인해 만들어진 것이 아닐까 한다. 집단 정체성의 한 부분인 독일인으로서 갖는 우월감이라는 집단 정서가 한 개인으로서 갖는 연민이라는 정서를 뛰어넘다 보니, 집단으로서 유태인을 상대로 한 차별과 학살에 참여하게 된 것이 아닌가라는 생각이다. 나아가 개인이 아닌 집단 구성원으로서 갖는 정체성과 공유 정서가 자신의 반인류적 행동에 대한 죄의식을 상대적으로 덜 느끼게끔 한 이유가 아닐까 싶다. 나의 생각보다 집단의 생각이 중요하고, 나는 나의 생각뿐만 아니라 집단의 생각을 수용하고 따라야 하는 존재로 인식하기 때문일 것이다.

우리 주변에 끊이지 않고 나타나는 사이비 종교의 반인류적인 사건들 또한 집단 정서를 기반으로 하지 않을까 한다. 종교 집단에 대한 정체성이 개인의 정체성을 왜곡하리만큼 강력해지면서 이런 광기에 가까운 집단 정서가 일반인들의 상식으로는 도저히 이해할 수 없는 수준의 사건들을 야기하고 있는 것이다.

사이비 종교 집단의 한 목사가 신도들에게 '타작 마당'이라는 것을 강요한 사건이 사회적으로 큰 충격을 준 적이 있다. 타작 마당은 신도들끼리 일종의 폭력을 행사하는 것인데, '마귀가 들렸다. 신앙심이 탄탄하지 않다'는 이유로 신도들 간뿐만 아니라 엄마가 딸을, 딸이 엄마를 때리기도 하는 등의 반인류적 행위까지 강요되었다고 한다. 마귀를 내쫓고 구원을 받을 수 있는 방법은 오직 타작, 즉 구타밖에 없기 때문에 일종의 구원받은 집단의 구성원이 되려면 마귀를 내쫓는 일에 앞장서야 한다고 생각하도록 신도들을 세뇌시킨 것이다. 구원을 위해서는 부모와 자식 간이라도 서로에 대한 무자비한 폭력이 당연시되는 것이다.

우리로서는 도무지 납득하기 어려운 이런 일이 발생하는 이유가 무엇일까? 개인 정체성을 넘어서는 왜곡된 집단 정체성, 사이비 교도가 조장한 구원에 대한 열망과 불안감이라는 집단 정서가 그 기저에 있다고 할 수 있다.

편견을 감소시키기 위한 집단 간 접촉

집단 간에 나타나는 편견, 차별과 관련해 생각해볼 사안 중 하나는 집단 간 접촉이 이런 편견과 차별을 감소시킬 수 있느냐 하는 것이다. 집단 간 접촉이 불러오는 정서가 긍정적인 경험이라면 당연히 편견과 차별을 감소시키는 데 효과가 있을 수 있다. 하지만 집단 간 접촉이 가져오는 정서가 불안이나 공포처럼 부정적인 것이라면 갈등을 더 강화하고 그로 인해 오히려 편견과 차별이 심화되는 악순환이 일어날 수 있다. 따라서 우리가 집단 간 접촉, 특히 갈등 관계에 있는 집단 간 접촉을 시도할 때는 사람들이 불안이나 공포보다는 안정감, 새로움 등 더 긍정적인 정서 경험을 통해 접촉이 이루어지도록 할 필요가 있다.

예를 들어 적대적 외교관계에 있던 국가들이 본격적으로 국가 간의 회복을 시도하기 이전에 스포츠를 통해 양국의 국민들이 서로에게 긍정적 인식과 정서를 갖도록 한 경우가 역사적으로 여러 번 있었다. 미중 수교와 관련해 1969년에 있었던 탁구 외교가 대표적인 사례다. 당시 일본에서 세계탁구선수권대회가 있었는데, 그 대회가 끝나고 중국 정부에서 미국 대표팀을 초청하는 일을 계획하고 진행했다고 한다. 먼저 탁구를 통해 양국 국민들이 서로 긍정적인 교류를 하도록 분위기를 조성하기 위해서였다. 이후 1972년에 미국의 닉슨 대통령과 중국의 주석 마오쩌둥의 만남이 자연스럽게 성사되면서 큰 사회적 논란 없이 미국과 중국 간에 수교 관계가 만들어진 바 있다.

이것은 집단 정서를 고려한 전략적 접근이 있었기에 가능한 일이었을 것이다. 그렇지 않고 외교, 경제, 군사 분야 등에서 갑작스럽게 양국의 관계 형성을 위한 논의와 교류가 진행되었다면 양국의 국민들은 오히려 불안감을 느낄 수 있었을 것이다. 많은 사람들이 쉽게 공감할 수 있는 스포츠 분야부터 가볍게 시작함으로써 양국의 국민들이 서로를 긍정적으로 이해하는 경험을 하게 되고, 이후 외교, 경제 등 다른 분야로 양국 간 관계를 확장해나간 것이다.

우리나라의 경우도 마찬가지다. 스포츠를 통해 남북 간에 교류를 만들고 이를 바탕으로 서로가 적대적인 관계에서 벗어나 좀 더 가까워지는 계기가 될 수 있는 다양한 시도들이 이루어진 바 있었다. 공포, 불안 등의 부정적 정서를 해소하고, 한민족으로서의 연민과 감정이입 등을 통해 긍정적 정서를 갖도록 노력을 기울인 또 다른 역사적 예라고 할 수 있다. 이런 시도들은 일종의 집단 간 접촉이라고 볼 수 있다. 이때 각 집단이 긍정적이고 안정적인 집단 정서 공유 경험을 가질 수 있게 하기 위해서는 사전에 집단 간 접촉에 대해 충분히 고심해야 한다.

난민 가정이나 다문화 가정의 문제도 마찬가지다. 두 가정이 우리나라에서 정착하는 과정을 비교해보면 상대적으로 난민 가정의 정착이 다문화 가정의 정착보다 어렵다. 왜 그럴까?

다문화 가정은 우리나라 구성원과 외국에서 온 구성원이 하나의 새로운 가정을 이루는 경우다. 그렇다 보니 문화적 공유를 할 수 있는 기회도 많고, 다른 사람들과 긍정적인 관계를 만드는 사회적 활동 참여 기회도 많다. 그러니 상대적으로 정착하기가 수월하다. 하지만 난민 가정은 그런 기회를 가질 수 없기 때문에 상대적으로 정착에 어려움이 따른다. 지역 주민들과 만날 수 있는 기회를 제공할 중간자가 상대적으로 부족하기 때문이다.

이렇게 정착에 어려움이 따르면 그 집단은 점점 주류에서 멀어져 소외되는 현상이 초래된다. 예를 들어 탈북민이나 중국 동포들의 경우 자기들끼리 집단 거주지를 형성하는 현상이 두드러지게 나타나고 있다. 이런 현상이 나타나는 이유 중 하나는 긍정적인 교류 경험이 없다 보니 편견과 차별로 인한 갈등이 심화되고, 그런 편견과 차별이 강화될수록 집단 거주지를 형성하여 자기들끼리 모여 생활하는 결과로 이어지게 된 것이다.

집단 거주지 형성은 긍정적인 접촉을 더 멀리하게 되는 결과를 낳기 때문에 상당히 우려스러운 사회적 현상이라고 할 수 있다. 긍정적인 집단 간 접촉이 많아야 편견과 차별이 해소될 수 있고, 같이 성장하는 공동체를 만들 수 있다. 이때 무조건 집단 간 접촉을 시도하기보다는 서로 간의 긍정적인 정서 공유가 가능한 이벤트나 공동 활동을 통해 집단 간 접촉의 기회를 확대하는 것이 바람직할 것이다.

정서의 성차별

집단 간에 나타나는 정서 편견을 이야기할 때 빼놓을 수 없는 것이 성차별에 대한 이야기다. 특히 우리나라에는 정서와 관련해 여성에 대한 편견이 상대적으로 강하게 존재한다. 흔히 우리는 '여성이 남성보다 감정적이다'라는 표현을 한다. 이 표현은 도대체 어떤 의미로 사용되고 있는 것일까? 긍정적인 의미일까, 부정적인 의미일까? 여러분도 짐작하듯이 부정적인 의미다. 이 표현에는 '합리적으로 생각하지 못한다, 히스테리적으로 반응한다'는 식의 부정적인 의미가 담겨 있다.

그렇다면 실제 여성들은 남성에 비해 부정적인 감정 성향을 더 갖고 있을까? 전혀 그렇지 않다. 어떤 면에서 여성들이 갖고 있는 따뜻한 감정성은 오히려 여성의 강점이라고 할 수 있다. 타인에 대한 배려, 감정의 공유 등은 여성이 갖는 감정의 강점인데, 남성 중심 사회가 여성의 감정성을 때때로 왜곡시키고 있지는 않은지 생각해볼 필요가 있다.

우리 사회에서 여성에 대한 정서 편견이 실제로 어떻게 나타나고 있는지 조금 더 살펴보도록 하자. 예를 들어 똑같은 상황에 대해 남성과 여성이 동일한 정서 반응을 보인다고 했을 때 그 정서 반응에 대한 우리의 생각과 해석이 같게 나타나는지 한번 생각해보자.

구입한 지 얼마 안 된 새 차를 주차해놓았는데 간밤에 누군가 그 차의 문 쪽을 긁어놓고는 연락처도 남겨두지 않고 그냥 가버렸다고 하자. 누구라도 화가 나는 상황이다. 먼저 남성이 "누구야? 내 차를 이렇게 긁어놓고 도망간 사람이?"라고 큰 소리로 화를 낸다. 이번에는 똑같은 상황에서 여성이 "누구야? 새 차인데 누가 이렇게 긁어놓고 그냥 갔어?"라며 화를 낸다. 여러분은 화를 내는 남성과 여성의 감정 상태를 동일하게 이해하는가? 그렇다면 정서에 대한 성차별을 갖고 있지 않은 것이다.

보통 여성과 남성의 정서 상태를 비교할 때 남성의 경우에는 주로 분노를 언급하고, 여성의 경우에는 주로 슬픔을 대표적으로 언급한다. 하지만 남성, 여성 모두 화가 나면 분노할 수 있고, 슬프면 얼마든지 슬퍼할 수 있다. 새 차를 긁어놓은 사건의 경우 남성과 여성이 화를 내는 이유에 대해 물어보면, 보통 남성이 소리치며 화를 내는 것은 차가 망가졌기 때문이라고 해석한다.

반면에 여성이 소리치며 화를 내는 이유는 감정적이고 히스테릭하기 때문이라고 해석하는 경우가 많다. 이처럼 같은 정서 행동에 대해서도 편견으로 인해 행동과 그와 관련된 정서의 의미를 차별적으로 해석하는 일이 우리의 일상 속에서 종종 발생한다.

일반적으로 우리는 여성에 대한 정형화된 정서와 남성에 대한 정형화된 정서를 갖고 있다. 여성에 대한 정형화된 정서는 주로 슬픔, 수치심, 공포, 죄책감 등 힘이 없는 정서 powerless emotions다. 적극적으로 자신의 힘을 나타내기보다는 다소 소극적인 상태를 표현하는 이런 정서들은 사회적 취약성을 나타낸다는 특징을 갖는다. 슬픔, 수치심, 공포, 죄책감이 여성들의 정형화된 정서라고 생각한다는 것은 여성은 곧 사회적으로 취약하다는 편견을 바탕에 깔고 있다는 의미이기도 하다.

반면 남성에 대한 정형화된 정서는 주로 분노, 자부심, 경멸 등의 힘이 있는 정서powerful emotions다. 적극적으로 자신의 상태를 표현하는 이런 정서들은 주로 지배성, 통제, 힘 등을 전달하는 의미를 지녔다는 특징이 있다. 남성에 대해 이런 정형화된 정서를 갖는다는 것은 남성은 곧 지배적인 힘, 즉 통제력을 갖고 있다는 편견이 기저에 깔려 있기 때문이다. 따라서 우리가 어떤 사건에 대해 정서적 반응 행동을 나타낼 때도 남성과 여성에게 서로 다른 기대를 하게 되는 것이다.

또한 우리 사회는 정서 행동에 대한 처방적 규범prescriptive norms을 갖고 있다. 예를 들어 '남자는 눈물을 보여서는 안 된다'라거나 '여자의 웃음소리가 담장을 넘어서는 안 된다'는 식의 이야기들이 일종의 남녀 정서에 대한 처방적 규범이다. 우리가 자기주장을 하기 위해 길거리 시위를 할 경우 남성들의 시위와 여성들의 시위에 대한 사람들의 평가 역시 여전히 차별적인 경우가 많다. 시위를 통해 남성들이 적극적으로 분노 표출을 하는 것은 자연스러운 현상이지만, 여성이 그렇게 하는 것은 바람직하지 않다는 것이다.

이런 예를 통해 우리는 우리 사회가 얼마나 남녀에 대한 차별적 정서와 인식을 갖고 있는지를 확인할 수 있다. 여성은 적극적으로 자신의 감정을 표현해서는 안 되고, 남성은 소극적으로 작아지는 모습을 보여서는 안 된다는 것이다. 남자는 왜 슬퍼하면 안 되고, 여자는 왜 크게 웃지도 못한단 말인가. 눈물이 여성만의 전유물이 아니듯이, 분노 표출 또한 남성만의 전유물은 아니지 않은가. 지금은 이런 인식들이 비교적 많이 줄어들긴 했지만 여전히 사회 곳곳에 남아 있다. 우리 모두가 공정한 사회, 함께 성장하는 사회를 만들어나가기 위해서는 한번쯤 곱씹어보아야 할 문제인 것이다.

이런 정서의 성차별은 왜 발생할까? 선천적으로 남녀간에 정서를 느끼고 표현하는 데 있어서 차이가 존재하는 것일까? 아니면 자라나는 과정에서 차별을 경험하다 보니 이런 문제가 발생하는 것일까? 후자의 경우가 더 타당하다는 것이 남녀 정서에 대한 연구자들의 일반적 결론이다. 사회적 고정관념과 규범에 맞게 정서 행동을 배우는 과정에서 남녀 간의 정서 차이가 발생하는 것이다.

예를 들어 우리가 사회화 과정인 성장기에 주로 많은 시간을 보내는 가정과 유치원, 학교, 그리고 경험하는 온갖 매체들은 알게 모르게 일정한 행동이나 사고를 요구하는 경우가 많다. 가령 남자에게는 용감하고 과감하며 추진력 있는, 즉 '대장부' 역할과 그에 어울리는 정서를 기대하는 반면, 여자에게는 언제나 미소 짓는 모습을 보이며 친절하고 사람들을 잘 보살피는 '착한' 역할과 정서를 기대한다. 남녀 각각에 대한 이런 역할과 정서 기대는 어떻게 보면 사회화 과정에서 우리가 일반적으로 확인할 수 있는 남녀 간의 차이라고 할 수 있다.

따라서 우리는 '대장부'라고 하면 용감해야 하고 과감해야 하고 추진력도 있어야 하고 자부심도 강해야 한다는 생각을 하게 된다. '착하다'고 하면 친절해야 하고 미소 띤 얼굴을 해야 하고 타인의 정서에 잘 공감할 수 있어야 하고 타인을 잘 보살펴주어야 한다는 생각을 하게 된다. 특히 드라마를 보면 여전히 황당무계하다 싶을 정도의 스토리 전개와 이해할 수 없는 사고를 가진, 진부하기 이를 데 없는 캐릭터들이 등장하는 경우가 많다.

우리나라 드라마는 여전히 신데렐라 증후군을 주요 소재로 다루는 경우가 많다. 도대체 언제까지 여성은 스스로 자아실현과 성취를 이루지 못하고 백마 탄 왕자님을 기다리는 나약하고 의존적인 인물로 그려져야 하는 것일까? 그런 내용의 드라마가 아직까지도 미디어를 통해 공유되고 있다는 것이 우리의 현실이다. 이 과정을 통해 알게 모르게 여성에 대한 사회적 역할, 그리고 정서에 대한 인식과 표현 방식을 남성과 다르게 기대하게 되는 것이다.

가정 내에서 보면 아버지가 어머니보다 자녀의 차별적인 성 사회화에 더 큰 영향을 미친다는 연구 결과가 있다. 예를 들어 아버지의 경우 분노와 공격적인 표현을 하는 딸에게는 "그러면 안 돼, 네가 잘 이해를 해야지"라고 말하는 반면, 같은 표현을 하는 아들에게는 "그럴 수 있지, 약한 모습을 보이면 절대 안 된다"라는 식의 차별적인 반응을 보인다는 것이다.

그래서 부모 양쪽의 역할이 모두 중요하지만 특히 균형 잡힌 성 사회화 과정에 있어서는 아버지의 역할이 특히 중요하다고 할 수 있다. 정서에 대한 성 편견이 가정, 특히 아

버지의 성 인식과 역할에 대한 편견에서 시작될 수 있음을
주의 깊게 짚어볼 필요가 있다.

왜곡된 집단 정서는
개인의 삶을 바꾼다

개인주의 문화와 집단주의 문화에서의 정서 차이

문화란 보통 한 공동체에 속한 개인들의 가치, 성취, 사회 관계, 행동 등에 영향을 미치는 사회적 규칙과 기대라고 할 수 있다. 따라서 문화는 개인이 정서를 인지하고 조절하고 표현하는 과정에서 서로 다른 영향을 미칠 수밖에 없다. 문화를 바라보는 관점은 매우 다양할 수 있는데, 개인과 개인이 속한 집단 간의 관계를 어떻게 보느냐에 따라 개인주의 문화와 집단주의 문화로 구분할 수 있다. 다음은 문화심리학자 해리 트리안디스Harry Triandis가 개인주의와 집단주의의 문화적 특성을 항목별로 구분해 정리해놓은 표다.[6]

	개인주의	집단주의
자기개념	I-Self(개인 특성)	Me-Self(사회적 관계/역할)
목표	자기실현	집단 내 역할 수행
중요한 결과물	개인 성취, 권리와 자유, 자아존중감	집단 목표, 사회적 책임과 의무, 관계
도덕성	규칙 준수, 합리성	집단 의무
사회적 관계	많은 수, 일시적 관계	적은 수, 오래 유지되는 관계
바람직한 행동	개인의 자율성, 의지를 반영하는 행동	사회적 규범과 기대를 충족하는 행동

개인주의와 집단주의 문화 특성

　여러 항목 중 도덕성의 경우만 보더라도 개인주의는 규칙을 잘 준수하고 합리적인 것을 도덕적이라고 보는 반면, 집단주의는 집단의 의무를 다하는 것, 집단의 책임을 다하는 것을 도덕성의 매우 중요한 부분으로 보고 있다. 이렇게 개인주의냐, 집단주의냐에 따라 그 문화적 특성이 다르게 나타나는 것을 확인할 수 있는데, 이는 정서의 경우에도 마찬가지다.

　보통 개인주의 문화에서는 개인의 정서를 자연스럽게 표현하는 것이 당연시되는 반면, 집단주의 문화에서는 개인의 정서를 자유롭게 표현하는 것이 당연하게 받아들여지지 않는다. 집단주의 문화에서는 집단의 분위기, 집단이 지향하는 바와 내가 표현하는 정서 간의 관계가 어떠한가를 상당히 중요하게 생각한다. 그래서 일반적으로 그 집단의 분위기와 가치를 훼손할 수 있는 정서 표현은 바람직하지 않다고 여기며, 집단을 강화시키는 정서 표현은 바람직한 것으로 간주한다.

이와 관련한 한 가지 사례를 들어보자. 2000년 초반 인천국제공항 건설 과정에서 부실 공사가 이루어지고 있다며 이를 내부고발한 감리사가 있었다. 내부고발은 한마디로 내부자가 어떤 불합리한 일의 진행에 불의를 느끼고 그것을 공익의 목적으로 신고하는 것을 말한다. 이 내부고발자의 용기로 인해 이후 인천국제공항의 부실 공사를 상당 부분 바로잡았다.

그 결과 지금의 인천국제공항은 세계 어느 국제공항과 견주어도 그 규모와 시설이 뛰어나고 자랑스러울 만큼 훌륭한 모습을 갖추게 되었다고 할 수 있다. 우리나라의 경제 규모, 사회 발전 등을 상징적으로 보여주는 공항으로서의 기능을 제대로 담당하고 있는 것이다. 만약에 그 당시 내부고발 없이 부실 공사가 계속되었다면 여러 가지 문제들이 야기되어 인천국제공항은 오늘날과 같은 세계적인 공항으로 확장되지 못했을 수도 있다.

집단주의 문화에서 볼 때 당시 이 감리사의 내부고발은 일종의 배신으로 해석될 수 있다. 물론 지금도 내부고발에 대한 이런 인식이 여전히 존재하는 것이 사실이다. 불의를 인지하고 사회 전체의 공익을 위해 내부고발을 선택했으나, 내부고발자는 집단주의 문화에 의해 크나큰 희생을 치르게 될 때도 있다.

인천국제공항 부실 공사 내부고발자는 당시 다니고 있던 감리 회사에서 쫓겨났다고 한다. 회사에 불이익을 주었다는 것이 그 이유였다. 한번 내부고발자라는 낙인이 찍히면 다른 회사에 재취업하기도 힘들다. 집단의 가치를 훼손한 배신자라는 낙인 때문이다. 개인적 분노를 못 참고 개인행동을 함으로써 집단에 큰 손해를 입힌 사람이므로, 우리회사에 들어와서도 똑같은 손해를 일으킬 수 있다는 편견이 채용을 기피하게 만드는 것이다.

그는 2005년 한 일간지와의 인터뷰에서 "다시 그 시절로 돌아가도 내부고발을 할 것인가?"라는 기자의 질문에 "다시는 하지 않겠다"고 대답했다고 한다. 한 개인이 사회적 불의에 분노해 자신에게 불이익이 주어질 수 있다는 불안감을 이겨내고 한 용기 있는 행동임에도 불구하고 정당한 사회적 보상을 받지 못해 생긴 안타까운 결과다. 집단의 가치와 정서, 그리고 이 안에 속해 있는 개인의 가치와 정서가 불일치할 때 나타날 수 있는 하나의 비극적인 결과가 아닌가 한다.

관계적 자아와 독립적 자아

사회심리학자 헤이즐 로즈 마커스Hazel Rose Markus와 시노부 기타야마Shinobu Kitayama는 자아self라는 것은 문화에 따라 달리 보아야 한다고 주장했다.[7] 이 연구자들은 자아를 관계적 자아와 독립적 자아로 구분한다. 집단주의 문화에서의 '나'라는 존재는 관계적 자아, 즉 다른 사람과 관련되어 존재하는 '나'로서의 개념이 강하다. 반면에 개인주의 문화 혹은 서구 문화의 경우에는 남들과 별개로 나의 특성과 생각을 중심으로 존재하는 '나'로서의 개념이 강하며, 이것을 바로 독립적 자아라고 이야기한다. 그래서 자아에 대한 생각도 다르게 나타나고, 이런 자아에 대한 인식이 정서 표현에도 서로 다른 영향을 미친다는 것이다.

관계적 자아와 독립적 자아의 차이가 실제로 존재하는 지를 보여주는 흥미로운 연구가 있다. 데이비드 커즌스David Cousins는 1989년에 아시아권과 서양권의 학생들을 대상으로 'Who am I?', 즉 '당신은 누구인가?'라는 질문을 한 뒤 두 문화권 학생들의 대답이 어떻게 다르게 나타나는지를 조사했다.[8]

예상대로 두 문화권 학생들의 반응을 분석하자 아주 흥미로운 차이가 나타났다. 서양권 학생들은 자기 자신에 대한 특징을 '나는 아주 낙관적이다', '나는 매우 성실하다' 등 아주 구체적으로 대답했다. 반면에 아시아권 학생들은 '나는 대학생이다', '나는 몇 학년이다' 등 자신이 소속되어 있는 집단을 중심으로 자기 자신의 특징을 설명했다고 한다. 자신이 무엇을 좋아하고, 무슨 성격인지에 대한 구체적인 설명 대신 내가 속해 있는 집단을 기준으로 스스로에 대해 이야기한 것이다.

이번에는 질문 자체를 조금 더 구체적으로 하자 앞과는 다른 반응이 나타났다고 한다. '당신은 누구인가?'라는 질문 대신 '집에서는 어떤 사람인가?', '친구들과 있을 때는

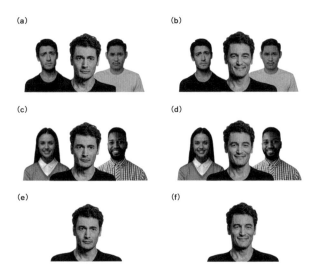

어떤 얼굴 표정이 더 슬퍼 보이거나 더 기뻐 보일까?

어떤 사람인가?', '학교에서는 어떤 사람인가?'라고 묻자 아시아권 학생들은 자신에 대해 이야기보따리를 풀어놓듯 술술 대답하더라는 것이다. 내가 소속된 집이라는 집단, 친구라는 사회적 관계망, 학교라고 하는 조직 내에서의 나는 어떤 사람인지에 구체적으로 설명했다는 것은, 아시아권의 개인들이 갖고 있는 '나는 어떤 사람이다'라는 인식이 자신이 속해 있는 집단과 밀접하게 연관되어 있음을 보여준다.

헤이즐 로즈 마커스와 시노부 기타야마는 자신의 논문에서 동서양인들의 자아 인식과 관련해 또 다른 흥미 있는 결과를 제시한다.[9] 연구자들은 동양권 학생들과 서양권 학생들을 대상으로 '내가 다른 사람과 얼마나 닮았다고 생각하는가?'라고 물었다. 이 질문의 중심은 '나'가 아닌 '다른 사람'이다. 그다음에는 반대로 '다른 사람이 나와 얼마나 닮았다고 생각하는가?'라고 물었다. 이 질문의 중심은 '다른 사람'이 아니라 '나'다.

동양권 학생들은 '내가 다른 사람과 얼마나 닮았는가'에 대한 질문에 '아주 많이 닮았다'고 대답한 반면, 서양권 학생들은 '다른 사람이 나를 얼마나 닮았느냐'에 대한 질문에 더 많이 답했다고 한다. 동양권 학생들이 '다른 사람'을 중심으로 놓고 나 자신을 그 안에 집어넣는 식의 인식을 보인 반면, 서양권 학생들은 '나 자신'을 중심에 놓고 다른 사람을 바라본다는 것을 보여주는 연구 결과라 할 수 있다. 문화권에 따라 다른 사람을 중심에 두느냐, 나 자신을 중심에 두느냐에 대한 인식 차이가 존재한다는 것이다.

정서와 관련해 주변 환경의 영향을 서양인보다 동양인이 더 많이 받는다는 직접적 연구 결과도 많은 편이다. 이와 관련한 흥미로운 연구를 하나 더 살펴보자. 앞의 사진을 보면 가운데에 있는 사람이 슬픈 표정을 짓고 있거나 기쁜 표정을 짓고 있고, 그 배경에 있는 사람들은 가운데 있는 주인공과 똑같이 슬픈 표정을 짓고 있거나 반대로 기쁜 표정을 짓고 있는 모습을 볼 수 있다.

동양인 그룹과 서양인 그룹에 똑같이 이 사진을 보여준 뒤 '누가 더 슬플 것 같은가?'라고 물어보았다. 그러자 동양인들은 서양인들과 다르게 '옆의 사람들이 같이 슬퍼할 때 더 슬퍼하고, 옆의 사람들이 같이 기뻐할 때 더 기쁜 마음일 것 같다'는 반응을 보였다고 한다. 반면에 서양인들은 주변 맥락의 영향을 거의 받지 않는 것으로 나타났다. 결론적으로 보면, 동양인들은 상대적으로 주변의 맥락과 환경에 따라 정서 인식과 판단에 더 많은 영향을 받는다는 것을 알 수 있다.

정서 표현과 문화

정서 표현과 관련해서도 집단주의 문화의 정서 규범은 개인의 정서 표현을 허용하고 촉진하기보다는 이를 억제하도록 요구하는 것을 볼 수 있다. 집단주의 문화에서는 개인이 정서 표현을 했을 때 사회적 관계에 부정적 영향을 미칠지, 나아가 내가 속한 공동체에 악영향을 미칠지에 대해 신중하게 생각하고 행동하도록 요구하는 경향이 있다.

내집단과 외집단에 대한 정서 표현에 있어서도 문화에 따라 차이가 나타난다. 집단주의 문화의 경우 일반적으로 내집단에 대해서는 긍정적인 정서 표현이, 외집단에 대해서는 부정적인 정서 표현도 수용되는 특징을 보인다. 실제 일본인들을 대상으로 한 연구[10]에서 외집단과 내집단에 대해 분노, 혐오, 공포, 기쁨, 슬픔을 나타낸 얼굴 표정을 보여준 뒤, 각 집단별로 그것이 적절한지, 그렇지 않은지에 대해 물어보았다. 일본인들은 외집단을 대상으로 혐오, 분노의 표정을 짓는 것에 대해 상대적으로 문제가 없다는 반응을 보였다고 한다. 반면 미국인들은 내집단에 대해서는 슬픔이나 분노 표현은 가능하나, 외집단에 대해서는 부정적 정서 표현은 바람직하지 않으며 기쁨과 같은 긍정적인 정서 표현이 적절하다고 반응했다고 한다. 문화권에 따라 어떤 정서를 표현하는 것이 바람직한지에 대해 각기 다르게 정서 규범이 만들어져 있음을 알 수 있는 연구다.

집단주의 문화에서는 보통 내가 속해 있는 집단의 평판

에 의해 개인의 자존감이 결정되고, 내가 어떤 공적을 쌓음으로써 집단의 명예를 높일 수 있다고 생각한다. 그렇다 보니 내 행동으로 인해 내가 속한 집단에 모욕을 줄 수 있는 행동을 회피하려는 현상이 나타난다. 이와 관련해 안동에서 전해들은 이야기가 있다. 양반의 도시로 일컬어지는 안동에서는 어떤 아이가 잘못을 하면 어른들이 그 아이를 보고 이렇게 말한다고 한다. "너 누구 집 애냐?" 이는 개인의 잘못에 수치심과 죄책감을 더 강하게 느끼도록 하는 말이라 생각한다. 네 잘못이 자신뿐만 아니라 가족의 명예를 손상시키는 일이라는 것을 의미하기 때문이다.

또한 사람들은 자기가 소속된 집단을 상대로 외집단의 구성원이 모욕적인 행동을 할 경우 분노나 공격적인 행동으로 반응한다. 특히 이 문제가 갈등하는 두 집단 사이에서 발생하는 경우에는 더하다. 내가 속한 집단에 대한 모욕적인 행동은 곧 나에 대한 모욕이라는 집단 대표 정서를 구성원들이 경험하기 때문이다.

청소년들 사이에 학교 간 패싸움이 일어나는 경우가 있는데, 그 이유를 확인해보면 위 사례에 속하는 경우가 많다. 실제 2019년에 이웃 지역 학교 간에 패싸움이 발생한

적이 있었다. 패싸움의 발단은 자기 학교 '짱'에 대해 상대 학교 학생들이 무시하는 말을 했다는 것이었다. 학교 짱이라는 한 개인에 대한 적대적 언사로 이를 받아들이는 것이 아니라, 우리 학교에 대한 모욕, 그리고 나아가 나 자신에 대한 모욕으로 이를 받아들이는 것이다.

또한 앞에서 언급한 것처럼 집단 정서는 외집단뿐만 아니라 집단 내 소수집단에 대한 편견과 차별적 행동을 강화시킬 수 있다. 우리 사회의 경우 다문화 가정이나 탈북민, 성소수자 등에 대한 편견이나 차별을 볼 수 있는데, 이것은 우리 사회의 집단 정서와 무관하지 않다. 편견은 이성적 생각의 단순한 왜곡이 아니라 부정적 정서와 강한 연결 고리를 갖고 있어 그 심각성이 크다. 그렇기 때문에 다시금 편견과 차별에 대한 우리 사회의 정서 성찰이 매우 중요하다는 생각을 하게 된다.

편견과 차별을 감소시키기 위해 우리
사회가 할 수 있는 긍정적인 집단 간 접
촉 활동은 무엇이 있으며, 개개인이 일
상에서 실천할 수 있는 활동은 무엇이
있을까?

개인적으로 즐겨보던 TV 프로그램 중에 실제 사
람들의 생활을 소재로 한 〈다문화 고부열전〉과
〈글로벌 아빠 찾아 삼만리〉라는 프로그램이 있
었다. 우리 사회의 다문화 가정에서 생활하고 있
는 이민자 며느리와 가족을 본국에 두고 한국에

와서 일하고 있는 이주노동자들의 이야기를 다룬 프로그램이다.

이 프로그램을 보면서 다문화 가정과 이주노동자에 대해 갖고 있던 개인적인 생각들이 더 포용적으로 변화됨을 경험한 바 있다. TV 등 대중매체를 통한 간접적인 접촉이었지만 한국 사회에서 적응하며 열심히 살아가는 이들의 모습을 보면서 그들에 대한 긍정적 인식과 마음을 더 강화할 수 있었다.

솔직히 고백하면 프로그램을 보면서 가끔 '아, 내가 이런 편견을 갖고 있었구나!'라는 것을 느끼고 반성한 적도 있다. 긍정적인 집단 간의 접촉과 관련해 언론과 매체의 역할이 매우 중요하다고 생각한다.

개인적으로는 나 스스로 완벽하게 편견 없는, 공평한 마음을 갖지 못한다는 사실을 인정하는 것이 중요하다. 내가 가진 편견과 차별 행동이 무엇일지 지속적으로 생각하는 민감성을 가질 필요가 있다. 이런 성찰을 바탕으로 다른 문화와 삶에 대해 알고자 하는 실천도 중요할 것이다. 다른 문화에 대해, 그 문화권 사람들이 살아가는 방식에 대해 아는 것은 내 편견과 차별 행동을 줄일 수 있는 중요한 기반이다.

다른 나라와 비교해 우리나라만이 갖고 있는 집단 정서의 특징으로는 어떤 것이 있을까?

우리나라만이 갖고 있는 집단 정서의 특징으로는 '우리'라는 공감대가 강하다는 점이다. 우리나라는 옛날부터 전통적으로 공동체 정서가 강하게 발달해왔기 때문에, 개인보다는 집단의 이익을 우선시하는 경향이 있다. 또한 상대방의 입장을 고려하는 배려심과 예의가 중요하게 여겨지는 문화적 배경도 집단 정서의 특징으로 꼽을 수 있다. '이웃사촌'이라는 말이 존재하듯이 서로에 대한 배려와 기쁨과 슬픔을 함께 나누는 정신이 강한 편이다.

이런 집단 문화는 정서 측면에서 우리나라만의 장점이라고 할 수 있다. 물론 '경쟁'이라고 하는 현대 한국 사회의 특징으로 인해 우리 사회의 이런 배려와 나눔의 문화들이 훼손되고 있는 것이 사실이며, 이는 매우 안타까운 일이다.

한편으로는 우리나라 집단 정서의 부정적인 측면 중 하나가 공동체 정서가 매우 강하다 보니 외집단, 특히 외국인에 대한 편견과 차별이 상대적으로 강하다는 것이다. 우리는 보통 미국이나 유럽 사람들이 인종차별을 심하게 한다고 생각하는데, 우리나라도 편견이나 차별이 우리가 인지하는 것 이상으로 심한 편이다.

특히 경제적인 측면에서 우리나라보다 힘이 약하다고 여겨지는 국가에서 온 이주민이나 노동자에 대한 편견이 상대적으로 심한 편이다. 우리의 전통 정서 가치에 근거해 배려와 포용으로 새롭게 성장하는 공동체를 다시 만들어야 할 시점이 아닐까 한다.

한 사회에서 공동의 이익을 위해 의도
적으로 집단 정서를 유도하는 경우가
있다면, 주로 어떤 이유와 목적 때문일
까?

여기에는 여러 가지 이유와 목적이 있을 수 있다.
대표적인 이유로 생각해볼 수 있는 것이 국가나 지
역의 경제적·정치적 문제 해결이나 발전을 위해
집단 정서를 유도하는 경우다. 이는 개인적인 이
익보다는 집단의 이익을 우선시하는 것이 중요하
다는 가치관에서 비롯된다고 할 수 있다.

　1997년 우리나라 외환위기 때 일어난 '금 모으
기 운동'이 그 대표적인 예라고 할 수 있다. 한 사
회의 집단 정서를 유도하는 경우 언론의 역할이
매우 큰데, 외환위기 때도 언론은 긍정적인 공동
체 유대 정서를 조성하는 메시지를 전달함으로써
우리 국민들로 하여금 똘똘 뭉치면 무엇이든 이겨
낼 수 있다는 자신감을 갖게 했다. 이처럼 정부가
아니더라도 언론 등 사회의 여러 기관들이 문제

해결을 위해 집단의 정서를 유도하고, 그 집단 정서를 기반으로 구성원들이 자발적으로 사회적 문제를 해결에 참여하는 일들은 흔히 있다.

그러나 집단 정서 유도는 긍정적인 결과만이 아니라 때로는 부정적인 결과를 초래하기도 한다. 대표적인 사례로 제2차 세계대전을 일으킨 히틀러의 선동을 꼽을 수 있다. 국민들이 일종의 수치심과 분노감을 느끼도록 선동하고, 그것을 자부심으로 연결시켜 히틀러 개인이 획득하고자 하는 목적을 달성하기 위한 도구로 삼은 것이다. 히틀러가 자극한 집단 정서는 이후 집단 광기로 바뀌면서 인류사에 씻을 수 없는 상처를 입히고 말았다.

집단 정서의 활용은 어떤 가치를 위한 것인지와 관련해 평가되어야 한다. 정서도 한 사회의 삶의 문화와 가치를 반영하는 심리적 결과물이기 때문이다.

4부_____

인간다움을
완성하는

감정들

흔히 행복의 의미를 주관적인 심리적 안녕감이라고 말한다. 이 말은 곧 우리는 긍정적인 감정과 부정적인 감정에 대해 동일한 가중치를 두지 않는다는 것이다. 설령 긍정적인 감정 경험과 부정적인 감정 경험이 동일하더라도 내가 긍정적인 감정 경험을 더 의미 있게 생각하고 거기에 더 큰 가중치를 부여한다면 나는 행복한 사람이 될 수 있다. 결국 의미를 어디에서 찾느냐가 행복의 중요한 요인이 된다.

수치심, 죄책감, 당혹감…
감정의 두 얼굴

나, 이런 사람이야

이번 장에서는 '내 안에 있는 감정들을 어떻게 바라볼 것인가'에 대해 이야기해볼 텐데, 먼저 두 상황을 살펴보자. 하나는 주식으로 졸부가 된 한 남자가 자랑하듯 지폐를 펼쳐 들어 보이는 모습의 사진이다. 그리고 또 하나는 자신의 마음도 몰라주고 옆의 여자 친구와 뽀뽀를 하고 있는 남자 친구를 바라보는 꼬마의 모습이 담긴 사진이다. 이 두 주인공은 어떤 정서를 경험하고 있을까?

첫 번째 사진의 남자가 느끼는 정서는 '나, 이런 사람이야!' 하는 식의 자부심, 또는 자부심을 넘어선 오만함일 것이다. 두 번째 사진의 꼬마가 느끼는 정서는 질투심, 분노

돈 자랑하는 주식 졸부

내 마음을 몰라주는 남자 친구

등일 것이다. 그렇다면 이 사진을 바라보는 우리의 정서는 어떨까? 돈 자랑하는 주식 졸부의 모습을 보면서 우리는 꼴같잖다는 식의 부정적인 생각을 하기도 하고, 부럽다며 선망할 수도 있다. 꼬마의 모습을 바라보면서는 안타깝다는 생각을 할 수도 있다.

그렇다면 이 사진을 통해 언급된 수치심, 죄책감, 선망, 자부심, 오만이라는 정서의 공통점은 무엇일까? 일반적으로 우리가 슬픔, 분노, 공격처럼 개인의 생존과 관련된 정서를 기본 정서라고 한다면, 수치심, 죄책감, 선망, 자부심, 오만은 사회적·도덕적 기능을 수행하기 위해 요구되는 사회 정서라 한다. 이 정서들은 자기개념, 즉 나 자신에 대한 이해와 자존감을 기반으로 경험하는 정서이며, 대인관계 형성에 매우 중요한 역할을 한다. 이런 정서를 자의식 정서self-conscious emotions라고 한다.

자의식 정서는 크게 두 가지로 나뉜다. 하나는 자기평가 정서self-evaluative emotions고, 다른 하나는 사회비교 정서social comparison emotions다. 자기평가 정서는 자기 자신에 대한 좋고 나쁨을 근거로 만들어지는 정서 경험으로 여기에는 죄책감, 수치심, 당혹감, 자부심, 오만 등이 해당된다. 그리고 자신에 대한 판단뿐만 아니라 여기에 타인과의 비교를 통해 경험하는 사회비교 정서가 더해지는데, 선망, 부러움, 질투 등이 그런 예다. 이 정서들의 특징과 기능들을 하나씩 살펴보자.

죄책감과 수치심

죄책감[guilt]은 언제 발생할까? 가만히 생각해보면 죄책감은 보통 나의 어떤 행동이 누군가에게 손해를 입혔거나 상처를 주었을 때 생긴다. 또는 자기 자신이 설정하거나 사회가 설정한 기준을 충족시키지 못했을 때도 죄책감을 갖게 된다.

예를 들어 부모로서의 책임을 다하지 못했을 때, 또는 자식으로서의 도리를 다하지 못했을 때 많은 사람들이 죄책감을 느낀다. 열심히 살았지만 늘 살림이 넉넉하지 않아 자식들에게 남들 다 하는 것조차 제대로 해주지 못했을 때 부모들은 자식을 상대로 죄책감을 느끼고, 열심히 살아야 한다는 이유로 일만 하다 보니 나이 든 부모님을 찾아뵙고 함께 시간을 보내지 못한 자식들도 늘 부모를 상대로 죄책감을 느낀다.

이때 느끼는 죄책감은 무엇에 대한 정서일까? 내 행동에 대한 정서일까, 나 자신에 대한 정서일까? 바쁘게 사느라 부모님을 못 찾아뵌 것이라면 이때의 죄책감은 내 행동에 대한 정서라고 볼 수 있다. 내 행동이 문제인 것이지 내가 나쁜 사람이어서 그런 것은 아니다. 죄책감이 나 자신에 대한 정서인 경우라면 이것은 뒤에 설명할 수치심과 관련된 정서라고 할 수 있다.

그렇기 때문에 어떤 죄책감을 느끼면 그것은 행동의 문제이기 때문에 나 스스로 그 행동을 얼마든지 바로잡을 수 있다. 일종의 속죄의 열망과 그에 따른 행동이 나타나는 것이다. 적어도 자기 자신의 행동을 변화시킴으로써 상황을 바로잡을 수 있다는 생각을 할 수 있다. 예를 들어 앞으로는 부모님을 자주 찾아뵙는다든지, 그렇게까지는 못 하더라도 전화라도 자주 드린다든지 하는 식으로 자신의 행동을 바로잡아 죄책감을 긍정적인 행동으로 변화시키는 것이다. 죄책감은 이렇게 도덕적인 행동을 조절하는 기능을 수행하는 것으로 알려져 있다.

그렇다면 수치심shame은 언제 발생할까? 수치심은 보통 사회적 규범에서 어긋나게 행동했을 때 생긴다. 수치심 역시 죄책감과 마찬가지로 잘못된 행동을 했을 때 느끼는 정서지만, 죄책감과는 다르게 행동의 귀인이 일시적이고 가변적인 외부 요인이 아니라, 나의 근본적인 문제점에서 비롯된 것으로 인식한다는 점에서 차이가 있다.

예를 들어 각종 미디어를 통해 정치인들의 성 스캔들이 보도될 때가 있는데, 이런 문제들은 보통 일회성이 아닌 경우가 많다. 이전부터 지속적으로 이루어졌을 가능성이 큰데, 이때 우리는 그것이 당사자의 일회적인 행동 문제라고 보지 않는다. 그 사람 자체의 문제라고 본다. 일회성 행동은 실수라고 볼 수 있지만, 지속적인 문제 행동은 '용납할 수 없는, 심각한 그 개인 자신'의 문제다. 따라서 이 경우는 죄책감이 아닌 수치심을 갖게 된다.

이런 문제는 영어의 'Shame on you!'라는 표현과 정확하게 일치하는데, 말 그대로 행동이 아닌 '네 자신에게 수치심을 느껴라'라는 뜻이다. 다시 말하자면 수치심은 일시적인 행동의 문제가 아니라 근본적인 개인의 내적 문제와 연관된 정서다.

그렇기 때문에 수치심을 느낀 사람은 그 문제를 해결하기 위해 적극적으로 행동하려 하지 않는다. 죄책감을 느낀 사람은 속죄 열망, 속죄 행동을 통해 자신의 행동을 바로잡으려 하지만, 수치심을 느끼면 그것을 바로잡으려 하기보다는 변명을 하거나 그 상황으로부터 도망치려는 회피 행동을 하게 된다. 수치심을 자주 경험하는 사람들은 공감과 타인의 관점을 수용하는 능력 역시 매우 낮다고 한다. 숨고 싶은 자신에게 더 집중하기 때문이다.

반면에 수치심은 사회적인 존경의 상실이나 위협을 가져올 수 있는 문제 행동을 사전에 차단하는 예방적 기능을 하기도 한다. 즉 자신이 잘못된 행동을 지속적으로 하고 이것이 사회적으로 알려질 경우 개인이 느낄 수치심이 사전에 그런 문제 행동을 하지 않도록 조심하게 하는 기능을 한다는 것이다. 특히 지속된 문제 행동으로 사회적으로 물의를 일으킨 타인이 수치심에 얼굴을 가리고, 기존에 가졌던 사회적 자산을 모두 잃게 되는 모습을 보면서 우리는 분노를 느끼는 동시에 내가 그와 같은 상황에 놓였을 때 가질 수 있는 수치심을 간접적으로 생각하게 된다. 이런 수치심에 대한 간접 경험은 자신의 부정적 행동에 대한 예방적 기능을 수행한다.

당혹감 그리고 자부심과 오만

당혹감embarrassment은 언제 발생할까? 당혹감은 보통 사회적으로 정형화된 역할이나 도식에서 벗어나는 행위를 했을 때, 또는 예상치 않은 일이 발생했을 때 느끼는 정서다. 예를 들어 엘리베이터 안에서 자기도 모르게 방귀나 트림이 나오면 대개의 사람들은 당혹감을 느낀다. 당혹감을 느낀 사람들에게서는 흔히 시선을 회피한다거나, 겸연쩍어 가짜 미소를 짓는다거나, 얼굴이 붉어진다거나, 얼굴을 만진다거나 하는 식의 행동이 나타난다.

여기서 한 가지 짚고 넘어가보자. 이렇게 예상치 않은 일이 발생했을 때 당혹감을 표현하는 것이 좋을까? 아니면 아무 일 없었다는 듯이 가만히 있는 것이 좋을까? 누군가의 실수 행동을 목격한 사람들이 그 행위자에게 갖는 호감도를 조사한 연구가 있었다. 이 연구에 참여한 사람들에게 한 남자가 마트에 쌓인 휴지 더미에 걸려 넘어지는 영상을 보여주었다. 이때 한 영상에서는 그 남자가 당혹감을 표현하는 모습을 보여주었고, 다른 영상에서는 그렇지 않은 모습을 보여주었다. 연구에 참여한 사람들은 당혹감을 표현한 남자에게 훨씬 더 친근감을 느낀다고 말했다고 한다.[11]

우리는 실제 자신의 실수에 당혹감을 표현하는 사람에게 '그럴 수도 있지', '그런 것쯤이야 뭐'라는 식의 호감적인 반응을 보인다. 반면에 자신이 실수를 해놓고도 모르는 척하며 당혹감을 감추는 사람에 대해서는 '뭐 저런 사람이 다 있어' 하는 비호감의 반응을 보이곤 한다. 다시 말해 자신의 실수를 미안해하며 얼굴이 빨개지거나 어쩔 줄 몰라 하는 사람을 보면 상대적으로 그 사람을 이해하려는 마음을 갖는다는 것이다.

자부심과 오만 역시 자의식 정서에서 중요하게 다루어진다. 일반적으로는 둘 다 어떤 목표나 기준을 충족시켰을 때 경험하는 정서다. 하지만 두 정서 사이에는 엄연한 차이가 존재한다. 자부심이 성취에 대한 즐거움이라면, 오만은 자신에 대한 과한 만족감이다. 예를 들어 수능시험을 잘 본 두 학생이 있다고 해보자. 이들의 표현을 통해 자부심과 오만이 어떻게 다른지 비교해보자.

한 학생은 "내가 열심히 해서 운 좋게 얻은 결과야"라고 말하고, 또 다른 학생은 "내가 원래 공부를 잘하잖아. 이까짓 수능쯤이야 뭐!"라고 했다면 이 이야기를 들은 사람들의 반응은 어떨까? 대개의 사람들이 앞의 학생의 말은 자부심의 표현으로 느끼고, 뒤의 학생의 말은 오만의 표현으로 느낄 것이다. 사람들은 상대방의 언행이 자부심을 표현하는 것이라고 느끼면 그것을 '잘 익은 벼'라고 생각해 긍정적으로 받아들이지만, 오만을 표현하는 것이라고 느끼면 '싹수가 노랗다'거나 '재수가 없다'라며 부정적으로 받아들이기도 한다.

자부심을 표현하는 것은 일종의 명성prestige을 추구하는 긍정적인 마음을 바탕으로 한다고 볼 수 있다. 반면에 오만을 표현하는 것은 일종의 지배dominance의 마음으로, 타인을 상대로 영향력을 행사하려는 욕구가 깔려 있다고 볼 수 있다.

선망과 질투

'사촌이 땅을 사면 배가 아프다'라는 우리 속담에 내포되어 있는 정서인 부러움 또는 선망envy은 언제 발생할까? 자신이 원하지만 아직 갖지 못한 것을 타인이 가졌다고 여길 때 사람들은 이런 정서를 경험한다. 만약에 타인이 내가 원하지 않는 것을 가졌을 때라면 우리는 크게 상관하지 않는다. 하지만 내가 무척이나, 간절히 바라는 것을 타인만 갖고 나는 갖지 못했다면 이야기는 달라진다. 부러움, 선망의 정서가 내 마음을 잠식해버린다.

선망에도 악의적^{malicious} 선망과 선의^{benign}의 선망이 있다.
악의적 선망은 '사촌이 땅을 사서 배만 아픈 것'이고, 선의
의 선망은 '사촌도 땅을 샀으니 나도 열심히 노력해서 땅을
사자'고 생각하며 긍정적인 방향으로 나 자신을 변화시키
는 것이다. 그런데 우리가 일상에서 흔히 말하는 '선망'은
선의의 선망보다 악의의 선망을 의미하는 때가 더 많은 것
같다. 이는 우리 사회에 경쟁 중심 문화가 있기 때문일 것
이다.

사촌이 땅을 사면 배가 아픈 경우는 대체적으로 나와 거
리가 먼 사람, 관계가 없는 사람이 아니다. 그런 경우에는
선망, 부러움을 느끼지 않는다. 우리는 보통 나와 가깝거나
유사한 배경을 가진 사람을 상대로 훨씬 더 큰 선망을 느낀
다. 아이러니하게도 더 축하해주어야 할 가까운 사람의 좋
은 일에 오히려 더 배가 아픈 것이다.

그런데 만약에 나와 아주 유사한 조건을 가진 가까운 사
람이 불공정한 혜택으로 내가 갖지 못한 것을 가졌다면 어
떨까? 우리 사회의 중요한 화두이기도 한 '아빠 찬스', '엄
마 찬스'를 이용해 내가 얻지 못한 결과를 성취했다면 마음

이 어떨까?

이런 경우 사람들은 선망이 아닌 다른 정서를 경험하게 되는데, 이때 느끼는 정서가 바로 분노^{anger}와 적개심^{hostility}이다. 불공정한 과정에 대한 분노, 그리고 이로 인해 결과적으로 나에게 피해가 생긴다는 생각이 적개심을 갖게 한다. 그렇기에 과정의 정당성과 형평성은 사회적 결과에 대한 공정성 인식과 이에 따른 집단 정서에도 중요한 영향을 미치는 요인이라 할 수 있다.

질투^{jealousy} 역시 일상에서 우리가 흔히 경험하는 정서 중 하나다. 질투는 나의 중요한 관계가 다른 사람으로부터 위협받고 있다는 개인적인 믿음에서부터 발생하는 정서다. 그렇다 보니 분노와 상실의 두려움, 의심과 관련된 정서가 복합적으로 어우러진다.

질투에 관한 진화이론 설명을 한번 살펴보자. 2세 양육을 가능하게 하려면 남녀 간의 관계를 유지하는 것이 중요한데, 이를 위해 상대방을 감시하고 상대방에게 잘 보이려고 하는 동기 부여의 기제로부터 질투가 진화했다고 한다. 이런 측면에서 질투는 서로 간에 관심을 유지시키고, 관계의 중요성을 느끼게 하며, 이를 통해 관계가 지속되는 보상의 기능을 수행한다고 볼 수 있다.

하지만 질투는 때로 파국적인 결과를 초래하기도 한다. 질투로 인해 헤어지는 연인들도 많고, 질투 때문에 끔찍한 사회적 사건이 발생하는 경우를 주변에서 목격하기도 한다. 2019년에 70대 노인이 질투 때문에 자기가 짝사랑하던 식당 주인의 생수병에 독약을 넣었다가 발각되어 결국 실형을 선고받은 사건이 있었다. 식사를 하러 드나들던 식당 주인에게 호감을 느낀 70대 할아버지는 자기가 키운 채소도 가져다주면서 그녀에게 호의를 보였다. 그런데 식당 주인이 다른 남성과 좋은 관계로 지내고 있다는 것을 알고는 질투가 나기 시작했다. 질투 때문에 상대방 남자에게 협박을 하는 등 여러 가지 일탈 행동을 하다가 결국 생수병에 독약을 넣는 일까지 시도하게 된 것이다.

질투를 느끼면 왜 이런 파국적인 행동까지 하게 되는 것일까? 이를 설명하기 위해 심리학자 에이브러햄 테서 Abraham Tesser의 자기평가유지모형self-evaluation maintenance model 틀을 활용해보자.[12] 질투가 결국 파국적 행동으로 연결되는 것은 열등감 때문이다. 자기가 무시당했다는 느낌이 들면 자존감에 상처를 입게 되고, 이런 부정적인 생각은 곧 모멸감으로 이어져 끝내 파국적인 행동으로 연결된다는 설명이다. 질투가 결국 자기 자신에 대한 사회적 모멸감으로 바뀔 때 이성적 판단을 놓치게 되고, 이것이 끔찍한 결과로 이어질 수 있다는 것이다.

내 감정의 주인 되기

행복 추구의 역설

왜 우리는 자신의 정서를 이해하려 할까? 그 궁극적인 이유는 나 스스로 내 삶의 주인이 되기 위해서다. 그리고 나의 중요한 한 부분인 정서를 잘 이해함으로써 내 삶의 주체성을 회복하고자 하는 것이다. 결국 정서를 이해하려는 것은 내 삶이 행복해지기를 바라기 때문이 아닌가 생각한다.

2007년에 개봉한 윌 스미스 주연의 〈행복을 찾아서〉는 크리스 가드너라는 실존 인물의 삶을 그린 영화다. 가드너는 의료기기를 팔면서 어렵게 생활을 이어가지만 삶은 자신의 바람과 달리 어그러지기만 한다. 경제적 어려움으로 아내마저 집을 나가고 그는 결국 길거리로 나앉는 신세가 된다. 그럼에도 그는 하나뿐인 아들을 지키기 위해 어떻게든 삶을 견뎌내려 최선을 다한다. 방값을 지불하지 못해 모텔에서 쫓겨나 아들과 함께 노숙하며 공중화장실에서 잠을 청하던 가드너는 고장 난 의료기기를 들고 아들에게 "이게 타임머신인데, 아빠가 지금부터 너를 오래전 공룡이 살던 시절로 데리고 갈 거야. 자, 눈을 감아"라고 말한다. 그러고는 "여기는 동굴이야. 우리는 오늘 공룡들을 피해 동굴에 숨어서 잠을 자는 거야"라고 말하며 아들과 함께 화장실에서 하룻밤 잠을 청한다.

공중화장실이라는 낯선 곳에서 잠을 자야 하는 아들을 안심시키기 위해 노력하는 주인공의 모습을 보면서 과연 행복이 무엇인지, 잘사는 것이 곧 행복인지 되묻게 된다. 어려움 속에서도 현재의 의미를 찾고자 하는 것이 행복을 만들어가는 하나의 축이 아닐까? 사실 행복은 매우 주관적인 경험의 결과물이기 때문에 그 의미를 정의하기는 어렵다. 하지만 분명한 것은 개인이 자신의 정서를 이해하고, 생활 속에서 긍정적인 정서 경험을 갖는 것이 곧 행복이 무엇인지를 찾아가는 과정이 아닐까 생각해본다.

사람들은 행복하길 원한다. 2021년에 사람들이 구글

에서 가장 많이 탐색한 주제 중 하나가 'How to be happy alone', 즉 '혼자서 행복해지는 방법'이라고 한다. 2021년은 전 세계적으로 코로나19가 정점을 찍던 시기였다. 그렇다 보니 대부분의 사람들이 집에 혼자 있는 경우가 많았고, 사람들은 온라인을 통해 어떻게 하면 혼자서도 행복해질 수 있는지를 찾아보려 했던 것이다.

이 결과를 뒤집어 생각해보면 코로나19 기간 동안 집에서 혼자 지내는 것이 많은 사람들에게는 결코 행복하지 않은 시간이었다는 것을 의미한다. 나는 이것을 '행복 추구의 역설'이라고 말하고 싶다. 사람들이 책이나 영화, 강연, 심지어 SNS에서도 행복에 대한 이야기를 많이 한다는 것은 그만큼 불행을 느끼는 사람들이 우리 주변에 많다는 의미이기 때문이다.

행복이란 무엇일까

행복이란 과연 무엇일까? 행복을 정량적으로 설명할 수 있을까? 긍정심리학자 스티븐 조셉Stephen Joseph과 앨릭스 린리Alex Linley는 '삶의 행복=긍정적인 감정-부정적인 감정'이라고 주장했다.[13] 하지만 과연 긍정적인 감정이 부정적인 감정보다 많으면 행복이고, 반대면 불행일까?

우리는 보통 행복의 의미를 주관적인 심리적 안녕감 subjective psychological well-being이라고 말한다. 이 말은 곧 우리는 긍정적인 감정과 부정적인 감정에 대해 동일한 가중치를 두지 않는다는 것이다. 예를 들어 긍정적인 감정 경험과 부정적인 감정 경험이 동일하더라도 내가 긍정적인 감정 경험을 더 의미 있게 생각하고 거기에 더 큰 가중치를 부여한다면 나는 행복한 사람이 될 수 있다. 그러니까 의미를 어디에서 찾느냐 하는 것이 행복의 중요한 요인이 되는 것이다.

그리스어로 행복을 에우다이모니아Eudaimonia라고 한다. 이 단어에는 개인이 갖고 있는 신성daimon, 또는 개인이 원하는 것을 이루는 진정한 자기실현이라는 의미가 담겨 있다. 나는 이것이 행복의 의미에 가장 부합한다고 생각한다. 나 자신은 물론이고 주변 사람들을 둘러보아도 자기가 원하는 것을 하고 있을 때 사람들은 행복감을 느낀다. 그것만 보아도 자기실현과 행복은 분명 깊은 관련이 있다.

심리학자 대니얼 카너먼Daniel Kahneman은 행복에 대한 개념을 경험하는 행복과 기억하는 행복으로 구분했다. 경험하는 행복은 현재 내가 경험하는 행복을 말하는 것이고, 추억하는 행복은 과거에 있었던 행복을 말한다. 그러면 둘 중 어느 쪽이 더 중요할까?

사실 이 질문은 우문이다. 행복에 있어서는 현재의 경험이든 과거의 기억이든 어느 한쪽을 더 중요하게 여길 수 없다. 현재의 행복도 중요하고, 그 현재가 쌓이고 쌓여 만들어진 과거의 기억도 중요하기 때문이다. 또한 기억하는 행복이 많으면 많을수록 현재의 행복감이 더 커질 수도 있다. 과거의 행복이 현재의 행복으로 이어지고, 그렇게 쌓인 행복은 다시 미래의 행복으로 이어진다.

그렇다면 과거에 불행했던 사람은 미래에도 불행할 수밖에 없는 것이냐고 따져 물을 수 있다. 간단히 말해 그렇지 않다. 지금 이 순간 만들어가는 행복이 결국은 기억하는 행복이 될 테니 지금이라도 행복의 의미를 찾아 하나하나 자기실현을 해나가다 보면 기억하는 행복도, 경험하는 행복도, 그리고 미래의 행복도 얼마든지 긍정적으로 만들 수 있다.

행복이 먼저일까, 성공이 먼저일까

행복과 관련한 이야기를 하다 보면 '닭이 먼저냐, 달걀이 먼저냐'라는 물음처럼 '행복이 먼저냐, 성공이 먼저냐'라는 질문을 받게 된다. 사람들은 행복과 성공적인 삶의 결과 간의 관계에 대해 물으면, 일반적으로 '성공해야 행복하다'고 대답한다. 성공하고, 다른 사람과 좋은 관계를 맺고, 사랑하고, 건강해야 행복하다고 믿는 것이다. 과연 맞는 생각일까?

관심 있는 두 변인 간의 인과관계를 확인하는 방법이 있는데, 그 방법 중 하나가 종단연구다. 같은 사람들을 꾸준히 추적·관찰하며 조사하는 방법이다. 이 종단연구의 결과를 보면 행복에 대해 우리가 갖고 있는 일반적인 생각과는 반대인 결과를 볼 수 있다. 행복해야 성공할 수 있고, 다른 사람과 좋은 관계를 맺을 수 있으며, 건강할 수 있다는 것이다.

예를 들어 싱글들의 결혼 가능성을 비교했을 때, 행복을 느끼는 싱글과 그렇지 않은 싱글 중 어느 쪽의 결혼 확률이 더 높을까? 현재 행복감을 느끼고 있는 싱글의 결혼 확률이 높았다고 한다. 그뿐만 아니라 어떤 성인들이 노년에 건강을 더 잘 유지하는지를 비교했을 때 역시 현재 행복감이 큰 성인이 노인이 되었을 때도 건강할 확률이 더 높았다고 한다.

어떻게 그런 일이 가능할까? 사람들은 누구나 행복한 사람과 같이 일하고 싶어 한다. 그러면 나도 행복한 것처럼 느껴지는데 거울신경회로 때문이기도 하고, 심리적인 행복 바이러스가 전파되기 때문이기도 하다. 행복한 마음은 도파민을 촉진한다. 행복하니까 사회적 관계도 좋아지고, 사회적 관계가 좋다 보니 더더욱 행복을 구축하게 되는 선순환 관계가 만들어지는 것이다. 정리하면, 행복이 성공의 결과물이라고만 생각해서는 안 되고, 성공을 만드는 요인일 수도 있다고 생각해야 한다.

그러면 돈은 사람을 행복하게 할까? 우리는 안 좋은 일이 생기면 흔히 이렇게 말한다. "다 돈 때문에 생긴 문제야. 돈만 있었어도 이런 일은 없었을 텐데"라고 말이다. 돈 때문에 가족이 불행한 선택을 하기도 하고, '돈만 있으면 얼마든지 행복해질 수 있어'라는 착각으로 회사에서 거금을 횡령하기도 하며, 가족과 친지들의 돈까지 끌어모아 투자했다가 실패해 본인뿐만 아니라 주변 사람들에게 엄청난 피해를 입히는 경우도 있다.

돈이 풍족하면 불행한 일들은 정말 일어나지 않을까?

행복해지는 것까지 바라지는 않더라도 적어도 나쁜 일들은 안 일어날 거라고 생각할 수도 있다. 과연 그럴까? 나는 그렇지 않다고 생각한다. 예를 들어 부모가 돌아가시고 이후 재산 분할로 인해 자식들 간에 갈등이 빚어지는 경우가 있다. 특히 유산이 많을수록 그 갈등은 더욱 심하다. 또 복권에 당첨되면 아무 걱정 없이 꽃길만 걸으며 마냥 행복할 것 같지만 실상은 그렇지 못하다. 오히려 이전에 누렸던 행복까지 깡그리 잃어버리는 경우를 우리는 뉴스를 통해 종종 접하곤 한다. 결국 돈이 행복을 만들어주지 않는다는 것을 확인하는 셈이다.

돈과 행복의 관계는 대니얼 카너먼의 역치 이론으로 설명할 수 있다.[14] 기본적인 삶을 유지하기 위해 돈은 일정 수준까지는 반드시 필요하다. 하지만 일정 수준 이상의 돈을 얻는다 해도 행복은 증가하지 않으며, 불행한 일 또한 감소하지 않는다는 것이다. 실제로 구체적인 연구 결과를 살펴보면, 미국의 경우 가구의 평균 소득이 약 8만 달러일 때까지는 수입의 증가에 따라 가족의 행복감도 증가하는 경향이 나타났지만, 그 수준을 넘어선다고 해서 행복감이 더 증가하지는 않는다고 한다. 기본적인 생활을 하기 위해 필요한 재정 여건을 갖추는 것이 행복에 필요한 요소이기는 하지만, 일명 부자처럼 많은 돈을 갖는다고 해서 행복감이 마냥 증가하지는 않는다는 것이다.

2022년 연구에 의하면 돈과 행복의 관계는 행복 수준에 따라 달리 나타난다고 한다. 행복 수준이 낮은 사람들에게는 대니얼 카너먼의 설명처럼, 돈이 많아져도 행복이 증가하지는 않는다. 하지만 행복 수준이 평균 이상인 경우 가계 소득이 증가함에 따라 행복도 증가하는 패턴을 보인다는 것이다. 이 결과는 결국 돈이 행복에 미치는 영향도 현재 행복 수준에 따라 달라질 수 있다는 의미다. 행복한 사람에게는 가계 소득이 증가하는 것 또한 행복에 긍정적인 영향을 미치지만, 불행하다고 생각하는 사람에게는 가계 소득이 증가해도 이것이 행복감을 증가시키는 데 도움이 되지는 않는다는 것이다.

사회 비교는 행복의 적일까

행복과 관련해 생각해보아야 할 또 하나의 요인은 사회 비교다. 운동 경기 메달리스트와 관련한 말로 '행복한 동메달, 불행한 은메달'이라는 표현이 있다. 동메달을 딴 선수는 메달을 따지 못한 수많은 동료 선수들과 자신을 비교해 행복감을 느끼지만, 은메달을 딴 선수는 나보다 잘한 한 사람, 즉 금메달을 딴 선수와 자신을 비교하며 불행하다고 생각한다는 것이다. 이것이 바로 하향 비교와 상향 비교의 예다. 이런 사회 비교는 사람들의 행복을 빼앗아 가는 심리적 경험이 될 수 있다.

때로는 상향 비교가 성공을 추구하는 사람들에게 있어서는 동기부여 요인으로 작용하기도 한다. 더 큰 성공을 추구할 때 나보다 나은 사람이나 상황과 자신을 비교하면서 스스로를 동기화하는 것이다. 그런데 그렇게 해서 무언가를 성취했다고 하자. 그러면 거기서 멈출까? '이 정도 했으니 됐어' 하면서 만족할까? 보통 상향 비교를 지향하는 사람들은 또다시 주변 사람들과 자신을 비교하며 그들보다 앞서고자 애쓴다. 그렇게 해서 또 저만치 앞서가면 거기서 멈추지 못하고 또다시 다른 사람들과 자신을 비교하며 스스로를 동기화한다.

과연 이런 마음가짐, 끊임없이 목표를 상향으로 설정해놓고 자기 자신을 동기화하는 이런 행동이 행복감을 가져다줄까? 연구 결과는 그렇지 않다는 것을 보여준다. 이런

영원히 산 위로 바위를 밀어 올리는 형벌에 처한 시시포스

행동은 자기 자신을 지속적으로 초조하게 만든다. 따라잡지 못할 것 같은 두려움, 쉬고 싶어도 맘 놓고 쉬지 못하는 불안감이 더해져 결국 자신을 불행하게 만든다.

어떤 면에서 이런 삶은 일종의 시시포스 딜레마라고 할수 있다. 제우스를 속인 죄로 지옥에 떨어져 바위를 산 정상으로 올려야 하는 벌을 받은 시시포스는 산꼭대기까지바위를 밀어 올리려 애쓰지만 정상에 오른 바위는 이내 다시 아래로 굴러떨어지고 만다. 시시포스는 이 일을 영원히되풀이한다. 우리 역시 더 높은 곳을 향해 매일매일 무거운바위를 힘껏 굴려 올려보지만 행복은 그 높이만큼 증가하지 않고, 또한 머무르지도 않는다.

우리에게 지금 필요한 것은 일상생활 속에서 행복한 순간을 만들어가는 것이다. 개인이 행복을 느끼는 이유를 분석해보면 그 사람이 갖고 있는 선천적인 낙천성이 50퍼센트, 그 사람의 사회경제적 지위와 같은 배경이 10퍼센트, 그리고 일상생활의 즐거움이 40퍼센트를 차지한다고 한다. 이 수치가 의미하는 것은 일상생활에서의 즐거움이 행복을 경험하는 데 중요한 요인이라는 것이다.[15]

일상에서 즐거움과 의미를 찾고 있는지 작은 것이라도

한번 돌이켜볼 일이다. 전철을 타고 강을 건너다 바라본 붉은 노을, 아침에 일어나 마주하는 향긋한 커피 향, 오랜만에 만난 친구와의 꾸밈없는 대화, 힘든 하루를 보낸 뒤 마주하는 가족들과의 저녁 식사, 산책길에 올려다본 푸른 하늘과 뭉게구름…… 일상에서 찾을 수 있는 작지만 의미 있는 행복들은 아주 많다. 이런 것들을 통해 내 삶의 의미를 긍정적으로 생각하느냐, 그렇지 않느냐에 따라 행복의 차이가 만들어진다.

심리적 안녕감으로
그리는 행복 지도

일상을 풍부하게 하는 행동들

우리는 일상의 즐거움에서 행복을 찾으려 하기보다 더 큰 것, 더 높은 곳을 추구하다가 스스로 자신을 짓누르는 결과를 만든다. 그러니 삶의 무게가 더할 나위 없이 무거울 수밖에. 인간의 심리적 특성 중에는 구두쇠처럼 긍정적인 것에 인색한 면이 있다. 그러면서 나에게 있었던 부정적인 사건들에 더 많은 정신적 에너지를 쏟는다. 왜 그럴까?

물론 나를 위협하는 부정적인 사건에 대해 신경 쓰는 것은 당연하다. 사회생활을 하면서 나에게 부정적인 평가가 주어지면 자존심에 상처를 입어 사회생활이 불행하게 느껴질 수 있다. 그런 만큼 부정적인 일에 더 신경을 쓰는 것은 어쩌면 자연스러운 일인지도 모른다. 그래서 무조건 부정적인 것에 신경 쓰지 말라는 것이 아니라, 그런 부분도 관심을 기울이되 최대한 긍정적으로 전환하기 위해 정서를 조절하는 노력이 필요하다는 이야기다. 우리의 저울은 늘 부정적인 쪽으로 기울어져 있다는 것을 인식하고 긍정적인 관심을 기울여 긍정과 부정에 대한 마음이 조화를 이룰 수 있도록 균형을 잡아야 한다.

행복학자들은 행복 행동의 공통적인 특징이, 작아 보이는 일상을 풍부하게 하는 것이라고 입을 모은다. 그럼 어떻게 하면 일상을 풍부하게 할 수 있을까?

첫째는 '감사하는 마음'이다. 매사에 감사한 마음을 갖는 것이 중요한 이유는 위에서도 언급한 것처럼 우리의 마음이 부정 편향negative bias 쪽으로 기울기 때문이다. 그렇기 때문에 감사하는 마음을 지니고 행동하다 보면 이를 통해 긍정적인 것을 바라보는 힘과 여유를 가질 수 있다. 그리고 현재의 순간에 감사하는 마음과 행동은 성취지향적인 욕심을 완화할 수 있는 방법이기도 하다. 미래의 결과에 대한 심리적 부담을 덜게 되면 삶의 무게를 조금이라도 가볍게 만들 수 있기 때문이다. 매사에 감사하며 사는 것만으로도 일상을 풍부하게 하는 전략이 되는 셈이다. 평범하지만 정말 중요한 행복 메시지다.

둘째는 '향유하기'이다. 향유는 지금의 일에 집중하고 그 일의 의미를 느끼고자 하는 마음가짐이다. 현재의 일, 경험의 즐거움과 기쁨에 집중할 수 있는 일종의 능력으로, 내가 처해 있는 상황과 지금 이 순간을 의미 있게 여기며 충분히 만끽하는 것이다. 의미 있게 하는 행동과 그렇지 않은 행동은 나 자신에게 전혀 다른 경험을 가져다준다. 순간순간 내 삶에 중요하지 않은 과정은 없다. 내 삶의 일부인 인생의 소중한 시간들, 그 시간의 의미를 찾지 못한다면 어떤 일을 하든, 어떤 행동을 하든 보람이나 행복감을 느끼기 어렵다.

이와 관련한 흥미로운 연구 결과가 있다.[16] 한 연구에서 지역의 패스트푸드 식당의 수와 그 지역 사람들의 행복도 사이의 관계를 조사했다고 한다. 조사 결과 지역에 패스트푸드 식당의 수가 많으면 많을수록 그 지역 사람들의 행복도가 떨어진다는 사실을 알아냈다. 경제 수준 등의 다른 요인들을 통제한 상태에서도 부적 관계가 재확인되었다고 한다. 이 연구 결과를 통해 우리가 알 수 있는 것은 먹는 행위조차도 우리의 일상을 풍부하게 하는 중요한 요인 중 하나라는 것이다. 그저 한 끼 때우는 식의 식사가 아니라 좋아하는 음식을 좋아하는 사람들과 함께 나누며 그 순간을 오롯이 즐기는 여유, 그리고 거기에서 행복의 의미를 찾는 것이 얼마나 중요한지를 간접적으로 보여주는 사례다.

행복을 안겨주는 사회적 관계

타인과 좋은 관계를 유지하는 것 역시 행복에 있어 매우 중요한 부분을 차지한다. 특히 이 요소는 아무리 강조해도 지나침이 없을 것 같다. 인간은 사회적 존재인 만큼 혼자 살아갈 수 없고 반드시 다른 사람들과 함께 살아가야 하기 때문이다.

요즘 사회적으로 안타까운 문제가 되고 있는 은둔형 외톨이는 우울감이 삶의 전반을 지배하고 있고, 따라서 삶의 의미를 찾는 것 자체가 어려운 상황에 처해 있는 사람들이다. 이 책의 앞부분에서 언급했던 제프 랙스데일의 사회 실험도 인간이 얼마나 외로움을 견디기 힘들어하는지를 잘 보여주는 사례다.

사람들은 혼자일 때보다 무엇이든 다른 사람들과 함께

경험을 공유할 때 훨씬 더 행복감을 느낀다고 한다. 이런 연구 결과가 외향적인 사람에게서만 나타나는 것은 아니다. 외향적인 사람은 다른 사람과 함께할 때 행복감이 높아지고, 내향적인 사람은 혼자 있을 때 행복감이 높아진다고 생각할 수 있는데, 결코 그렇지 않다. 무척 내향적인 사람이라도 친한 친구와 함께할 때면 더없이 밝고 활기찬 모습임을 우리는 주변에서 쉽게 본다. 내향적이든 외향적이든 사람들은 혼자보다 다른 사람과 함께 있을 때 긍정적인 정서를 더 많이 경험한다는 것이다.

타인을 상대로 한 관대함과 돕기 또한 행복의 중요한 요소다. 돈이 아무리 많다고 해도 일정 수준을 넘어서면 나 자신의 행복을 더 이상 증가시키지 못하지만, 사실 타인을 위해 올바른 방향으로 사용하면 돈이 얼마든지 행복을 증가시킬 수 있다. 기부하는 사람들의 공통점은 기부라는 행위를 통해 자신이 행복해진다는 것이다. 기부를 통해 다른 사람들로부터 인정받기 때문에 행복한 것이 아니라, 기부하는 나 자신이 축복받는 느낌이 들어 행복해진다고 한다. 그러니 남을 위해 기부하는 것인지, 나 자신이 행복해지기 위해 기부하는 것인지 헷갈릴 정도라고 말하기도 한다. 물론 이런 면면을 두고 기부를 자기만족감에 하는 것이 아니냐고 부정적으로 해석하는 사람들도 있다. 그렇더라도 기부를 하는 그 행위 자체에는 타인에 대한 배려가 깔려 있기에 기부 행위를 그렇게 부정적으로 볼 일은 아닌 듯하다.

그런데 기부를 할 때의 액수가 행복과 관련이 있을까? 이에 관련해 재미있는 실험 하나가 있었다.[17] 실험 참가자들에게 5달러와 20달러를 주고 이 돈을 자신을 위해, 또는 타인을 위해 사용할 수 있다고 말했다. 그런 다음 온라인에서 그 돈을 사용하게 한 뒤 그들의 뇌 활동을 촬영했다. 그결과 자신을 위해 돈을 사용하는 사람보다 타인을 위해 사용하는 사람에게 행복감을 느낄 때 관여하는 뇌 부분의 활성화가 더 강하게 나타났다고 한다. 이 말은 곧 타인을 위해 돈을 썼을 때 자기 자신의 행동에 대한 만족감을 더 강하게 느낀다는 것이다.

그리고 또 다른 실험은 5달러를 기부했을 때와 20달러를 기부했을 때 행복감에 차이가 있는지를 알아보는 것이었다. 결과는 차이가 없었다. 5달러를 기부하든 20달러를 기부하든 금액과 관계없이 자기의 것을 타인을 위해 나눈다는 행위 자체가 심리적으로 동일한 행복감을 가져다준다는 것이다. 따라서 타인을 상대로 한 관대함과 돕기 같은 이타적인 일은 당연히 받는 사람도 행복하지만 주는 사람도 행복해지는 결과를 만드는 마술 같은 힘을 갖고 있다. 일거양득인 셈이다.

나의 정서를 이해한다는 것

나의 정서를 이해하는 것은 얼마나 중요할까? 보통 나에 대한 이해라고 하면 나의 능력이나 경험에 대한 이해만을 생각한다. 하지만 인간을 구성하는 총체는 능력이나 경험에 대한 이해를 넘어 느끼고 생각하는 모든 것, 즉 정서까지 포함하는 것이다. 따라서 생각하는 존재로서의 나를 이해하는 것과 느끼는 존재로서의 나를 이해하는 것은 반드시 나의 이해를 구성하는 두 축이 되어야 한다.

최근 들어 이런 정서, 감정에 대한 이야기를 점점 더 많이 하게 되는데, 이것은 곧 현대인들에게 정서 이해가 더욱 절실하게 요구되고 있다는 의미이기도 하다. 사람은 결국 자신의 감정, 정서를 이해하지 못하면, 더 이상 자기 자신을 성장시키는 힘을 찾을 수 없다는 한계에 직면하게 된다.

내가 현재 경험하고 있는 나의 정서를 이해하면 훨씬 더 건강한 정서로의 변화가 가능하며, 건강한 정서는 결국 나 자신을 성장시키는 힘이 된다. 우리가 무언가를 하고 싶은 의지를 갖게 되는 것은 결국 마음에서 비롯하는 것이지, 머리에서 비롯하는 것은 아니기 때문이다. 나아가 건강한 사회 역시 구성원들의 마음이 따뜻하고 건강해야 비로소 가능하다.

우리가 정서를 이해하고자 하는 중요한 이유 중 하나는 삶의 행복을 찾기 위해서다. 실제 나 자신에 대한 정서적 이해를 충분히, 그리고 긍정적인 방식으로 하지 못한다면 삶의 의미를 발견하는 것은 어려운 일일 수 있다. 내가 현재 하고 있는 일에 성취감을 느끼지 못한다면, 또는 잘하고 있지만 일에 대한 자부심이 없다면 그 일을 통해 긍정적인 삶의 의미를 갖기는 어렵다.

타인과의 관계에서도 마찬가지다. 타인이 베푸는 배려에 대한 감사함, 부모의 헌신에 대한 죄송함을 느끼지 못한다면 개인의 사회적 삶은 무미건조한 로봇의 모습이 아닐까 한다. 내가 하는 일과 사회적 관계에서 의미를 찾을 수 있을 때 사람들은 자신의 삶을 행복하다고 이야기할 수 있다. 이 과정에서 내가 하는 일, 내 주변의 사람들에 대한 정서적 의미와 경험은 내 삶 자체를 규정하는 중요한 스토리라고 말할 수 있다.

개인의 인생 스토리를 담은 삶의 캔버스가 내 앞에 있다. 캔버스에 그려진 많은 사람들과 사건들, 이것이 나의 인생사다. 그런데 이 캔버스에 담긴 사람들의 얼굴에 표정이 없다면, 그리고 다양한 사건들이 회색으로만 칠해져 있다면 어떤 느낌이 들까? 정서는 인생 캔버스에 활력을 넣어주는 요소다. 아무리 많은 시간을 살아냈다 할지라도 그 안에 때로는 슬픔을 주고, 때로는 웃음을 주는 사람과 일들이 없다면 그 캔버스는 무의미한 한 장의 종이에 불과하지 않을까?

주변 인물이나 사회적으로 성공한 사
람들 중에 많은 것을 성취하며 자기실
현을 이루었음에도 불구하고 행복하다
고 느끼지 않는 경우가 있다. 왜일까?

성공적인 인생을 살면서도 행복하지 않은 이유는
다양하다. 첫째, 성공과 행복은 서로 다른 개념임
을 이해할 필요가 있다. 성공이 주로 재산, 명성과
같은 외적인 것을 말한다면, 행복은 주로 만족감,
안정감, 소속감과 같은 내면적인 것을 말한다. 따
라서 외적인 성공을 하더라도 내면적인 가치를 충

족하지 못하면 행복하지 않을 수 있다.

둘째, 지속적인 타인과의 비교가 행복감을 주지 않는 요소라고 할 수 있다. 성공한 사람들 가운데 자신의 성취 결과를 끊임없이 다른 사람들과 비교하며, 현재의 성취 의미를 충분히 느끼지 못하는 사람들이 있다. 이런 사회 비교는 때때로 자신의 자존감을 낮추는 요인이 된다.

셋째, 성공을 위한 심리적 압박이 지속적인 불안감과 스트레스를 유발하기 때문이다. 성공했다고 하지만 이후 새로운 욕심 때문에 스스로에 대한 압박이 지속되고, 이것이 일상적인 삶의 불안감과 스트레스를 만드는 요인이 되기에 행복은 그저 남의 이야기가 될 수 있다.

넷째, 정말 자신이 가치 있다고 여기는 것을 추구하지 않고 있기 때문에 행복감을 느끼지 못하는 것이다. 자신의 내면 가치와 연결되어 있지 않은 결과를 추구하는 것은 사실 의미 없는 결과의 추구라고 할 수 있다. 따라서 결과를 성취하더라도 그 결과에 대한 의미, 만족감, 행복감을 함께 느끼지 못하는 것이다. 이 경우 자신의 목표와 가치관을 재검토하고, 내면과 연결된 목표를 설정하며, 자신의 인생에서 중요한 것들을 소중히 여기는 마음과 실천이 이 악순환의 고리를 끊을 수 있는 방법임을 생각해볼 필요가 있다.

많은 현대인들이 크든 작든 불안과 초조, 분노 등 부정적인 정서로 삶이 우울하다고 호소하는 경우가 많다. 나의 정서를 이해하고 조절하는 능력을 키우면 마음의 균형을 찾는 데에 도움이 될까?

부정적인 정서로 인해 우울함을 호소하는 현대인들이 점차 많아지고 있는 것이 현실이다. 부정적인 정서로 생기는 다양한 삶의 문제를 해결하기 위해 자신의 정서를 이해하고, 조절하는 능력을 중요하게 생각할 수밖에 없는 것이 현대인의 삶이다. 다음과 같은 방법들이 정서 조절에 도움을 줄 수 있을 것이다.

첫째, 가능한 한 긍정적인 생각과 태도를 유지하는 것이 중요하다. 전설적인 투자자 워런 버핏 Warren Buffet도 2023년 투자자와의 만남 행사에서 긍정적인 생각을 갖는 것이 중요한 삶의 자산이라고 이야기했다고 한다. 생각에 빠지지 않도록 자기 자신과 깊이 있는 대화를 하거나 감사 일기를 쓰는 등의 방법으로 긍정적인 마음과 태도를 유지하도록 하자.

둘째, 타인과의 사회적인 관계를 유지하고 소통하는 것이 중요하다. 가족, 친구, 동료와 대화를 나누거나, 가능한 한 사회적 모임에 빠지지 않고 참석하려는 노력도 필요하다. 내가 좋아하는 사람들을 만나 시간을 보내고 나면 마음의 힘을 얻을 수 있다.

셋째, 운동을 포함해 취미 활동을 꾸준히 하는 것이 필요하다. 우리가 경험하는 스트레스의 대부분은 일로부터 오는 경우가 많다. 일로부터 생기는 심리적 문제를 운동이나 자신이 좋아하는 취미 활동을 통해 간접적으로 해소하는 것이 분명 도움이 될 수 있다.

마음의 여유가 있어야 자신의 부정 정서를 다스릴 여지를 만들 수 있다. 나 역시 스트레스로 인해 부정 정서를 경험하면 운동을 한다. 땀을 흘리고 나면 스트레스 호르몬인 코르티솔도 없앨 수 있고, 문제를 해결할 수 있는 심리적 힘도 얻을 수 있기 때문이다. 꼭 해보기를 추천한다.

감정에 주목할 때 우리 삶은 음악이 된다

요새 ChatGPT(대화형 인공지능 서비스)가 대세다. 모르는 것도 물어보고, 정보 찾기와 요약도 요청하고, 그리고 문제 해결 방법도 문의한다. 이렇게 많은 대화를 나누기는 하지만 감정에 대한 이야기도 할 수 있을까? 개인적으로 감정에 대해 대화를 시도해보면 지나치게 무미건조한 대답만 듣다 보니 길게 이야기하기가 어렵다.

구글이 개발하고 있는 인공지능은 인간처럼 일부 감정도 갖고 있다고 한다. 하지만 인간처럼 복잡한 감정 체계를 가진 인공지능은 아직 세상에 존재하지 않는 것처럼 보인다. 그리고 그런 인공지능은 개발해서도 안 될 것 같다. 왜 그럴까? 감정은 이성적인 논리 판단에 근거하지 않으며,

자기 생존에 필요한 조치를 취하도록 하는 힘이다. 인공지능이 그런 감정을 느낀다는 것은 인류 생존에 심각한 위협이 될 수 있다고 생각하기 때문이다. 이성의 영역은 인공지능과 그 능력을 공유할 수 있지만, 앞으로도 감정의 영역은 인간 고유의 영역이어야만 한다.

인공지능은 지니지 않은, 그리고 앞으로도 지녀서는 안 될 감정이 인간에게는 있다. 이 감정을 어떻게 이해하고 다루느냐가 인간다움을 결정할 수 있다고 생각한다. 자신의 삶의 목적, 현재 경험의 가치와 의미, 주변 사람들과의 관계 기반이 되는 것이 바로 감정이다. 감정을 이해하고 나를 성숙시키는 힘으로 활용할 수 있어야 내 삶의 의미를 주도적으로 만들어갈 수 있다.

감정은 때때로 나의 삶을 기쁘게도 하고, 더러는 슬프게도 한다. 하지만 악기를 연주하듯 나의 감정을 이해하고 조율하고 활용하면 나의 인생 전체가 하나의 아름다운 음악이 될 수 있다. 여러분의 삶이 아름답고 감동적인 음악으로 연주되기를 응원한다.

주석

1. Scherer, K. R., & Ceschi, G. (1997). Lost baggage: A field study of emotion-antecedent appraisal. Motivation and Emotion, 21(3), 211-235.

2. Berridge, K. C., & Kringelbach, M. L. (2015). Pleasure system in the brain. Neuron, 86(3). 646-664.

3. "만년 꼴찌였던 막내 구단, 7번째 시즌 만에 최강팀으로 우뚝", 동아일보, 2021. 11. 18.

4. Lepore, S. J., Fernandez-Berrocal, P., Ragan, J., & Ramos, N. (2004). It's not that bad: Social challenges to emotional disclosure enhance adjustment to stress. Anxiety, Stress & Coping: An International Journal, 17(4), 341 – 361.

5. Wyer, N. A., & Calvini, G. (2011). Don't sit so close to me: Unconsciously elicited affect automatically provokes social avoidance. Emotion, 11(5), 1230-1234.

6. Triandis, H. C. (1995). Individualism and collectivism. Boulder, Co: Westview Press.

7. Markus, H. R., & Kitayama, S. (1991). Culture and the self: Implications for cognition, emotion, and motivation. Psychological review, 98(2), 224-253.

8. Cousins, S. D. (1989). Culture and self-perception in Japan and the United States. Journal of Personality and Social Psychology, 56(1), 124-131.

9. Markus, H. R., & Kitayama, S. (1991). Culture and the self: Implications for cognition, emotion, and motivation. Psychological review, 98(2), 224-253.

10. Matsumoto, D. (1990). Cultural similarities and differences in display rules. Motivation and Emotion, 14(3), 195-214.

11. Semin, G. R., & Manstead, A. S. R. (1982). The social implications of embarrassment displays and restitution behavior. European Journal of Social Psychology, 12(4), 367-377.

12. Tesser, A. (1988). Toward a self-evaluation maintenance model of social behavior. Advances in Experimental Social Psychology, 21, 181-227.

13. Linley, P. A., & Joseph, S. (2004). Toward a theoretical foundation for positive psychology in practice. In P. A. Linley & S. Joseph (Eds.), Positive psychology in practice (pp. 713-731). Hoboken, NJ: Wiley.

14. Kahneman, D., & Deaton, A. (2010). High income improves evaluation of life but not emotional wellbeing. Proceedings of the National Academy of Sciences, 107(38), 16489-16493.

15. Lyubomirsky, S., Sheldon, K. M., & Schkade, D. (2005). Pursuing happiness: The architecture of sustainable change. Review of General Psychology, 9(2), 111 - 131.

16. House, J., DeVoe, S. E., & Zhong, C. B. (2013). Too impatient to smell the roses: Exposure to fast food impedes happiness. Social Psychological and Personality Science, 41, 534-541.

17. Harbaugh, W. T., Mayr, U., & Burghard, D. R. (2007). Neural responses to taxation and voluntary giving reveal motives for charitable donations. Science, 316(5831), 1622-1625.

KI신서10968

저, 감정적인 사람입니다

1판 1쇄 발행 2023년 6월 7일
1판 4쇄 발행 2024년 9월 13일

지은이 신종호
펴낸이 김영곤
펴낸곳 ㈜북이십일 21세기북스

서가명강팀장 강지은 **서가명강팀** 강효원 서윤아
디자인 THIS-COVER
출판마케팅영업본부장 한충희
마케팅1팀 남정한
출판영업팀 최명열 김다운 김도연 권채영
제작팀 이영민 권경민

출판등록 2000년 5월 6일 제406-2003-061호
주소 (10881) 경기도 파주시 회동길 201 (문발동)
대표전화 031-955-2100 **팩스** 031-955-2151 **이메일** book21@book21.co.kr

(주)북이십일 경계를 허무는 콘텐츠 리더

21세기북스 채널에서 도서 정보와 다양한 영상자료, 이벤트를 만나세요!
페이스북 facebook.com/jiinpill21   포스트 post.naver.com/21c_editors
인스타그램 instagram.com/jiinpill21   홈페이지 www.book21.com
유튜브 youtube.com/book21pub

서울대 가지 않아도 들을 수 있는 명강의! 〈서가명강〉
유튜브, 네이버, 팟캐스트에서 '서가명강'을 검색해보세요!

ⓒ 신종호, 2023

ISBN 978-89-509-4372-1 04300
      978-89-509-7942-3 (세트)